Arduino ohne Vorkenntnisse

Innerhalb von 7 Tagen das erste eigene Projekt erstellen

Benjamin Spahic

Impressum:

PBD Verlag

Autor: Benjamin Spahic
Anschrift:
Benjamin Spahic
Konradin-Kreutzer-Str. 12
76684 Östringen

Lektor: Mentorium GmbH
Cover: Kim Nusko
ISBN Taschenbuch: 9798692381279
ISBN Hardcover:9798730263024

E-Mail: BenjaminSpahic@pbd-verlag.de
LinkedIn: Benjamin Spahic
Arduino ohne Vorkenntnisse
Ersterscheinung 02.10.2020
Vertrieb durch kindledirectpublishing
Amazon Media EU S.à r.l., 5 Rue Plaetis, L-2338, Luxembourg

Disclaimer

Dieser Ratgeber wurde nach bestem Wissen und Gewissen verfasst, jedoch können trotz mehrfacher Durchsicht Unklarheiten oder Irrtümer nicht vollkommen ausgeschlossen werden.

Daher kann keinerlei Gewähr für die Aktualität, Korrektheit, Vollständigkeit oder Qualität der bereitgestellten Informationen übernommen werden. Haftungsansprüche gegen den Verfasser, welche sich auf Schäden materieller oder ideeller Art beziehen, die durch die Nutzung der dargebotenen Informationen bzw. durch die Nutzung fehlerhafter und unvollständiger Informationen verursacht wurden, sind ausgeschlossen. Alle Aussagen entsprechen der subjektiven Meinung des Autors.

Bei konstruktiver Kritik, Vorschlägen für weitere Kapitel, Änderungen oder Fehlerkorrektur nehmen Sie bitte umgehend Kontakt über die E-Mail-Adresse im Impressum auf.

Inhalt

1. Vorwort und Einleitung

1941, die Welt liegt in Schutt und Asche, doch zwei deutsche Ingenieure stellten eine Erfindung vor, welche unser Leben so maßgeblich beeinflusst hat, wie keine andere Entdeckung seiner Zeit. Die Rede ist von der „Zuse Z3", dem weltweit ersten Digitalrechner.

Natürlich kann man die Zuse Z3 nicht mit heutigen Rechnern vergleichen, weder im Aufbau noch der Funktion oder ihrer räumlichen Dimension.

Die Zuse Z3 ist mehrere Tonnen schwer und nimmt beinahe einen ganzen Raum ein. Gleichzeitig ist die Rechenleistung um ein Vielfaches geringer als die eines heutigen Taschenrechners. Trotzdem gilt sie als Meilenstein in der Computer-forschung.

Abbildung 1 Nachbau der Zuse Z3 im Deutschen Museum München

Die Zuse Z3 wurde im Zweiten Weltkrieg zerstört. Zuvor, als ihr Erfinder Konrad Zuse für den Krieg eingezogen wurde, musste er sie mit den Worten zurücklassen:

„Andere lassen die Familie zurück, ich die Z3."

-Konrad Zuse

Seit der Zuse Z3 hat sich viel getan, eine Revolution jagt die nächste. 1946 stellt das US-Militär den ENIAC, den ersten vollelektronischen Computer, vor. Zur selben Zeit wird die Zuse Z4, der Nachfolger der Z3 in Betrieb genommen.

Bis heute hat sich die Rechenleistung vervielfacht. Während in der Zuse Z3 lediglich 600 Recheneinheiten (Relais) verbaut waren, hat ein moderner Prozessor auf einer Fläche von 200 mm^2 mehrere Milliarden an Recheneinheiten (Transistoren). Gleichzeitig ist die Leistungsaufnahme (Stromverbrauch) erheblich gesunken.

Dieser technische Fortschritt ermöglicht es uns, das Leben zu führen, wie wir es tun. Wir arbeiten vor Bildschirmen, scrollen in unserem Smartphone durch die sozialen Medien und schauen abends gemütlich Serien oder Filme.

Die Digitalisierung war, bzw. ist immer noch, die größte Revolution der modernen Geschichte. Uns stehen unendliche Möglichkeiten offen, jedoch gibt es ein schwerwiegendes Begeisterungsproblem in unserer Gesellschaft. Jeder nutzt die Technik und profitiert vom Fortschritt, doch den Willen Elektrotechnik und Programmierung zu verstehen und ein Teil des Erfindertums zu werden, haben die Wenigsten.

Da du dieses Buch gekauft hast, scheinst du dich jedoch für genau dieses Themengebiet zu interessieren. Und das führt uns zum Kernthema dieses Buches – dem Arduino. Die Arduino Plattform ist perfekt, um eigene Projekte zu realisieren, Mikrocontroller und Programmierung kennenzulernen und den Entdeckergeist zu erwecken.

Vielleicht bist du noch ein Schüler, der sich einen eigenen Roboter programmieren möchte, ein gelernter Programmierer, der mehr über die Hardware erfahren möchte oder ein junggebliebener Pensionär, der allgemein mehr über Mikrocontroller und deren Programmierung erfahren möchte.

In jedem Fall wirst du es nicht bereuen, dich mit der Materie auseinanderzusetzen.

Gewiss gibt es viele Internetseiten und Bücher, die einen an das Thema Arduino heranführen. Diese Bücher sind jedoch teilweise über 500 Seiten und für Neueinsteiger vollkommen ungeeignet.

Wenn man sich in der Materie bereits auskennt und Anhaltspunkte für ein spezielles Projekt benötigt, können diese Bücher hilfreich sein, aber für einen Großteil der Interessenten ist das weder erforderlich noch effektiv.

Und genau aus dieser Problemstellung heraus ist dieses Buch entstanden.

Es stellt einen Einsteigerratgeber für Wissbegierige dar, die ohne viel Vorwissen schnellstmöglich die grundlegenden Prinzipien der Arduino-Plattform verstehen und schnellstmöglich das erste eigene Projekt starten wollen.

Was ist überhaupt ein Mikrocontroller? Wie schließe ich Sensoren und andere Bauteile richtig an den Mikrocontroller an? Wie programmiere ich schnell und effizient? All das wird Schritt für Schritt erarbeitet und mit einem echten Beispiel-Projekt abgerundet.

Voraussetzungen und Wissensstand:

Dieses Buch ist für jeden geeignet, der eine Grundbegeisterung für Technik und Programmierung mitbringt. Die Grundkenntnisse der Physik, etwa das Rechnen mit SI-Einheiten, sind wichtig und werden deshalb wiederholt.

Weiterhin sind die Grundlagen der Elektrotechnik von Vorteil, um auch komplexere Schaltbilder und Stromflüsse verstehen zu können.

Da der eine oder andere Leser noch keine Erfahrung mit der Programmiersprache „C/C#" – oder elektronischen Schaltungen und Bauteilen gemacht hat, werden im ersten Kapitel die Grundlagen der C-Programmierung und elektrotechnische Grundlagen behandelt. Es wird jedoch nur das Nötigste erklärt, wenn du tiefergehende Kenntnisse, beispielsweise in der Programmierung erlangen möchtest, wird weiterführende Literatur dieses Themen-/Fachgebiets empfohlen.

Im Rahmen dieses Buches wird also von einem Leser mit technischen Grundlagen, aber ohne tiefergehende Vorkenntnisse im Bereich Arduino ausgegangen.

Falls du von dir selbst sagen kannst, dass du in diesen Bereichen keinen Nachholbedarf hast, kannst du mit dem dritten Kapitel beginnen, in dem es speziell um die Arduino-Plattform und verschiedene Ausführungen der Mikrocontroller geht.

Es empfiehlt sich jedoch, die Grundlagen wenigstens noch einmal zu überfliegen.

Zur besseren Struktur sind im Buch an bestimmten Stellen immer wieder folgende Icons zu finden:

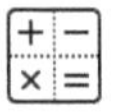

Rechensymbole: Hier wird es komplexer. Es wird ein Exkurs oder eine Herleitung angeführt. Die Herleitung eines Themengebiets ist für das Verständnis hilfreich, ist jedoch nicht essenziell notwendig und eher zum Nachschlagen gedacht.

Glühbirne: Hier werden die Kernpunkte eines Kapitels zusammengefasst. Diese Aussagen eignen sich gut zum Nachschlagen oder wenn man ein Themengebiet noch einmal überfliegt.

Achtung: Hier werden häufige Fehler genannt. Es wird gezeigt, wo und warum man häufig Hindernisse oder falsche Annahmen trifft.

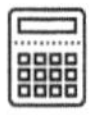

Taschenrechner: Beispielrechnungen oder Verständnisfragen zum Nachvollziehen und Verinnerlichen.

Jetzt wünsche ich dir viel Spaß beim Lesen und Eintauchen in das Arduino-Ökosystem.

2. Grundlagen Elektrotechnik

Die Arduino-Plattform vereint Hardware und Software. Um das Ökosystem Arduino sinnvoll nutzen zu können, ist es notwendig, Schaltungen sowie Peripherie in Form von Bauteilen zu verstehen. Daher werden zunächst die physikalischen Größen Strom, Spannung und Leistung und Energie wiederholt. Diese sind jedem bekannt, häufig werden sie jedoch falsch verwendet oder interpretiert.

Die folgenden Definitionen wurden aus dem Buch „Elektrotechnik ohne Vorkenntnisse – Die Grundlagen in 7 Tagen verstehen" übernommen. Das Buch ergänzt die Bücherreihe und ist ähnlich anfängerfreundlich aufgebaut wie dieses Buch.

Wer die Elektrotechnik grundlegend und weitergehend verstehen möchte, dem empfiehlt sich dieser Ratgeber.

Alternativ kann der erste Teil der Gleichstromlehre aus dem Buch „Elektrotechnik einfach erklärt" von Tobias Tippelt empfohlen werden.

2.1. Das elektrische Potenzial ϕ

Das elektrische Potenzial oder auch elektrostatisches Potenzial genannt, wird mit ϕ (griechischer Kleinbuchstabe Phi) abgekürzt. Es hat die Einheit Volt V.

Das elektrische Potenzial beschreibt die potenzielle Energie einer Probeladung innerhalb eines elektrischen Feldes. Das elektrische Feld ordnet jedem Punkt im Raum ein Potenzial zu.

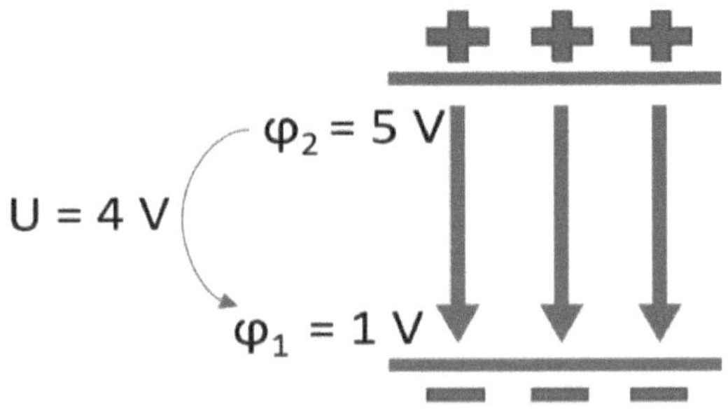

Abbildung 2 Potenziale und Spannung im homogenen E-Feld

2.2. Die Spannung U

Die Differenz zweier Potenziale $\phi2$-$\phi1$ nennt man die Spannung U, die Spannung hat ebenfalls die Einheit Volt V.

! Bei einer Spannung ist immer darauf zu achten, dass sie lediglich eine Potenzialdifferenz angibt. Daher benötigt man immer ein Bezugspotenzial.

Eine normale Batterie hat eine Spannung von 1,5 V. Das bedeutet, dass der Pluspol, also er obere Kontaktpunkt der Batterie, ein um 1,5 V höheres elektrischen Potenzial als der Minuspol besitzt.

2.3. Der Strom I

Ein Maß für die Stärke des Elektronenflusses ist der Strom, abgekürzt mit dem Formelzeichen I. Seine Einheit ist das Ampere A.

Der Strom fließt im technischen Stromkreis immer vom Pluspol zum Minuspol! Obwohl die Elektronen physikalisch vom Minuspol zum Pluspol fließen.

2.4. Die Energie E und die Leistung P

2.4.1. Die Energie

Die Begriffe Energie und Arbeit werden für dieselbe physikalische Größe verwendet. Die Energie oder auch die verrichtete Arbeit wird mit E oder W abgekürzt.

Die Energie gibt an, wie viel Arbeit ein System leisten kann, beispielsweise wie viel Wärme erzeugt werden kann. Energie ist unabhängig von Zeit. Ihre SI-Einheit ist das Joule [J].

Alternative Einheiten sind Wattsekunden Ws bzw. Kilo-Wattstunden kWh. Eingebürgerte Einheiten für die Energie sind beispielsweise die Kilo-Kalorien kcal.

Energieerhaltung:

Energieerhaltung besagt, dass im Universum eine feste Menge Energie vorhanden ist, und diese nicht vernichtet oder erzeugt werden kann. Energie kann lediglich in verschiedene Formen umgewandelt werden

2.4.2. Die Leistung P

Die Leistung hingegen ist eine physikalische Größe und bezeichnet die Energie bzw. Arbeit, die in einer bestimmten Zeit umgesetzt wird.

$$P = \frac{\Delta E}{\Delta t}$$

Die Einheit der Leistung ist das Watt, entsprechend Energie pro Zeit. Die Einheit für die Energie ist das Joule, die Einheit der Zeit ist die Sekunde.

Ein Watt entspricht folglich einem Joule pro Sekunde $1\frac{J}{s} = 1W$

Die elektrische Leistung, die in System oder ein Bauteil umsetzt, errechnet sich, indem man die anliegende Spannung mit der Stromstärke multipliziert.

$$P = U \cdot I$$

2.5. Der Widerstand R

Der elektrische Widerstand ist, wie es der Name schon sagt, ein Widerstand für Elektronen. Es wird den Elektronen also erschwert, durch den Widerstand zu fließen.

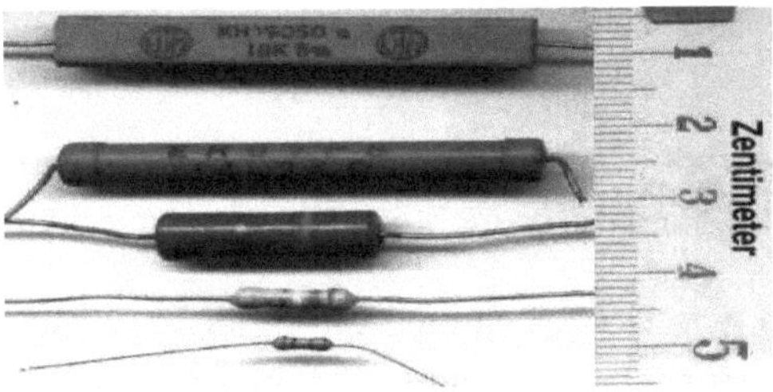

Abbildung 3 Verschiedene Widerstandsbauformen

Der elektrische Widerstand hat das Formelzeichen R und wird in Ω (Ohm) angegeben.

Der elektrische Widerstand gibt an, welche elektrische Spannung U erforderlich ist, um eine Stromstärke I durch einen elektrischen Leiter fließen zu lassen.

$$\boldsymbol{R = \frac{U}{I}}$$

Die Einheit Ohm ist daher $1\Omega = \frac{1V}{1A}$

Wir können die Formeln entsprechend umstellen zu

$\boldsymbol{U = R \cdot I}$

Ein Merkspruch, der den Zusammenhang zwischen Spannung, Widerstand und Strom in einem Stromkreis angibt, ist daher „URI“.

Der Widerstand ist gleichzeitig ein elektrisches Bauteil. Spricht man von einem Widerstand, meint man meistens das konkrete Bauteil.

Das Schaltsymbol wird als Rechteck gezeichnet.

Abbildung 4 Amerikanisches Schaltsymbol

Europäisches Schaltsymbol

2.5.1. Spannungsteiler

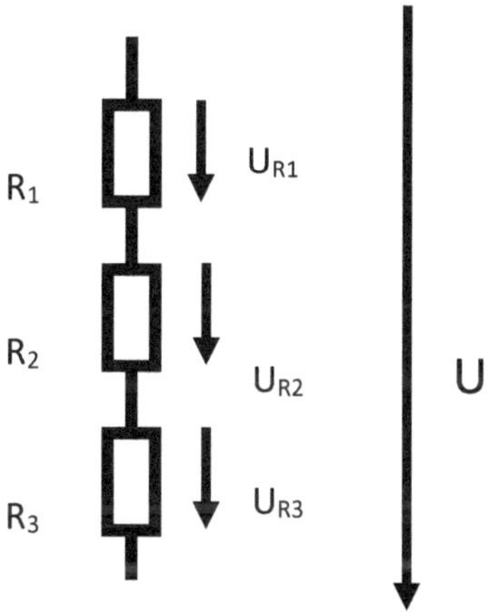

Abbildung 3 Spannungsteiler bei Serienschaltung von Widerständen

Wir haben mehrere in Serie geschaltete Widerstände und kennen die Spannung, die über allen Widerständen zusammen abfällt. Aber wie viel Spannung fällt über den einzelnen Widerständen ab?

Die Widerstände teilen die Spannung proportional zu ihren Widerstandswerten untereinander auf, daher bilden sie einen Spannungsteiler.

$$\frac{Spannung\ am\ Widerstand}{Gesamtspannung} = \frac{Widerstandswert}{Gesamtwiderstand}$$

$$U_{R1} = U_0 \cdot \frac{R_1}{R_1 + R_2 + R_3 + \cdots}$$

$$U_{R2} = U_0 \cdot \frac{R_2}{R_1 + R_2 + R_3 + \cdots}$$

...

$$U_0 = 10\,V, \quad R_1 = 6\,\Omega, R_2 = 4\,\Omega$$

$$U_{R1} = 10\,V \cdot \frac{6\,\Omega}{6\,\Omega + 4\,\Omega} = 6\,V$$

$$U_{R2} = 10V \cdot \frac{4\,\Omega}{6\,\Omega + 4\,\Omega} = 4\,V$$

2.6. Die Diode

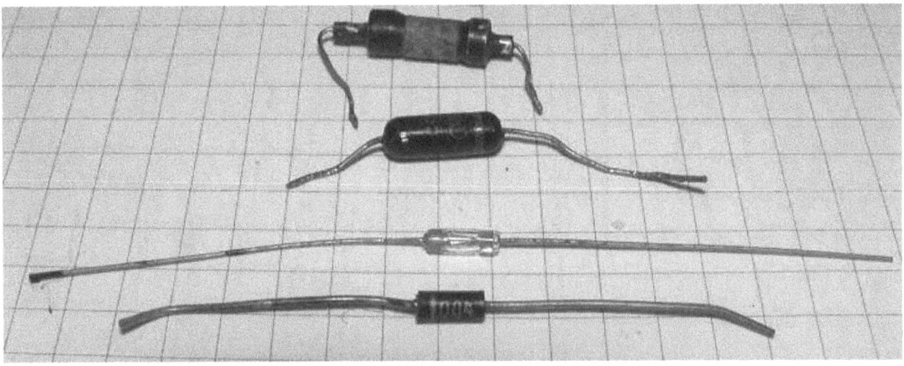

Abbildung 4 Verschiedene Diodenbauformen

Eine Diode ist ein Bauteil, das den Strom nur in eine Richtung durchlässt. Daher spricht man hierbei auch von einem Halbleiter-Bauelement.

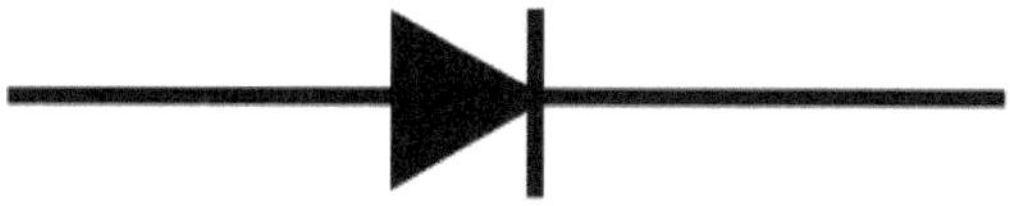

Abbildung 5 Schaltsymbol Diode

Die Diode besteht aus einer Anode, die an den Pluspol bzw. das höhere Potenzial angeschlossen wird, und einer Kathode, die an den Minuspol, bzw. das niedrigere Potenzial angeschlossen wird.

! Ein senkrechter Strich auf dem Bauteil zeigt dabei an, welcher Draht die Kathode darstellt.

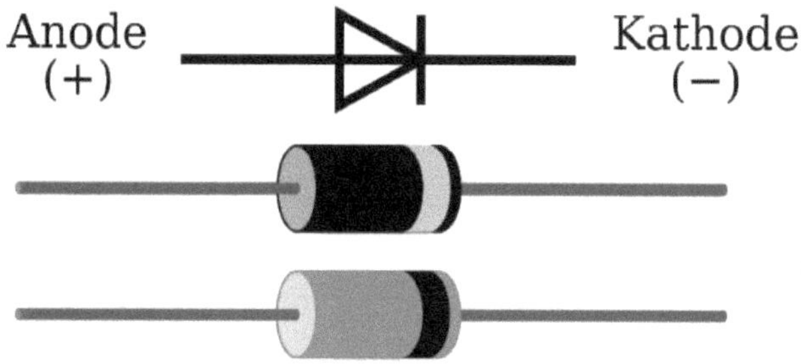

Abbildung 6 Anode und Kathode einer Diode

Dadurch, dass die Diode nur in eine Richtung leitet, spricht man davon, die Diode entweder in Flussrichtung oder in Sperrrichtung zu betreiben.

An einer Standard-Siliziumdiode fallen in Flussrichtung circa 0,7 V ab. Bei einer Schottky-Diode beispielsweise nur 0,2 V.

! Eine Diode hat in Flussrichtung nahezu keinen Widerstand und begrenzt den Stromfluss daher nicht. Man benötigt einen weiteren Widerstand, den man Vorwiderstand nennt, da ohne ihn die Gefahr eines praktischen Kurzschlusses besteht.

Exkurs: LED

Abbildung 7 Schaltsymbol LED

Die Wirkungsweise und Eigenschaften einer Leuchtdiode sind dieselben wie die einer „normalen“ Halbleiterdiode.

Jedoch haben LEDs meistens eine höhere Durchlassspannung von circa 1,6 V-2,6 V statt 0,7 V.

Auch eine Leucht-Diode hat in Flussrichtung nahezu keinen Widerstand und begrenzt den Stromfluss daher nicht.

2.7. Der Kondensator und die Kapazität C

Abbildung 8 Verschiedene Kondensatoren

Der Kondensator hat ähnlich wie eine Batterie die Fähigkeit, elektrische Ladungen zu speichern, jedoch nur für kürzere Zeitspannen.

Daher eignen sie sich perfekt, um Spannungen und Ströme zu stützen. Kann eine Spannungsquelle nicht die benötigte Strommenge zur Verfügung stellen, dient der Kondensator sozusagen als Pufferspeicher.

Sie geben bei Bedarf in kurzer Zeit viel Energie ab. Danach, wenn wenig Last anliegt, laden sie sich wieder auf.

Solche Kondensatoren sind fast immer parallel zu Versorgungsspannungen verbaut, um diese zu stützen. Daher nennt man sie auch Stützkondensatoren.

Die Konstante, die den Zusammenhang zwischen Spannung und Ladung angibt, heißt Kapazität C. Ihre Einheit ist das Farad F.

In der Realität sind die Kapazitäten von Kondensatoren verhältnismäßig klein. Die Größenordnung der Kapazität liegt im Micro-, Nano-, oder Picofarad-Bereich.

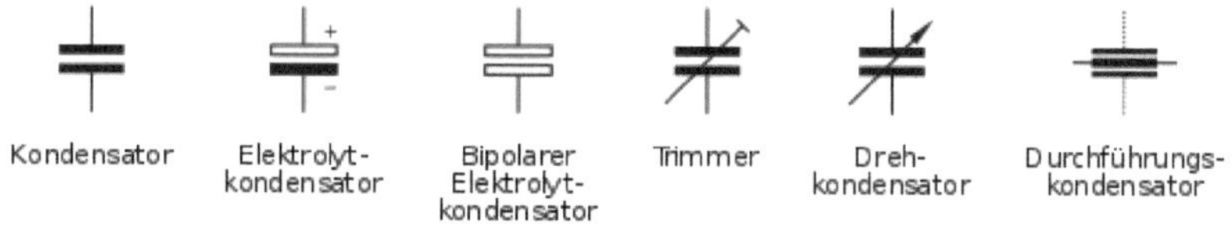

Abbildung 9 Schaltzeichen für verschiedene Kondensatortypen

2.8. Digitaltechnik

Nachdem wir die relevantesten Hardware-Komponenten kennengelernt haben, kommen wir zur Digitaltechnik – einem Teilgebiet der Elektrotechnik. Um zu verstehen, wie uns die Digitaltechnik bei der Programmierung hilft, ist es wichtig, die Definitionen ‚analog' und ‚digital' zu trennen.

Analog bzw. ein analoges Signal bedeutet, dass es kontinuierlich ist, also dass es zwischen zwei Werten theoretisch unendlich viele Zwischenwerte gibt.

Beispiel dafür ist eine Analog-Uhr, bei der der Zeiger nicht tickt, bzw. springt, sondern sich kontinuierlich dreht.

Bei solch einer analogen Uhr kann der Zeiger theoretisch jede beliebige Stellung innerhalb seiner mechanischen Möglichkeiten und damit jede beliebige Zeit einnehmen.

Eine analoge Größe kann innerhalb des Definitionsbereichs jeden beliebigen Wert annehmen.

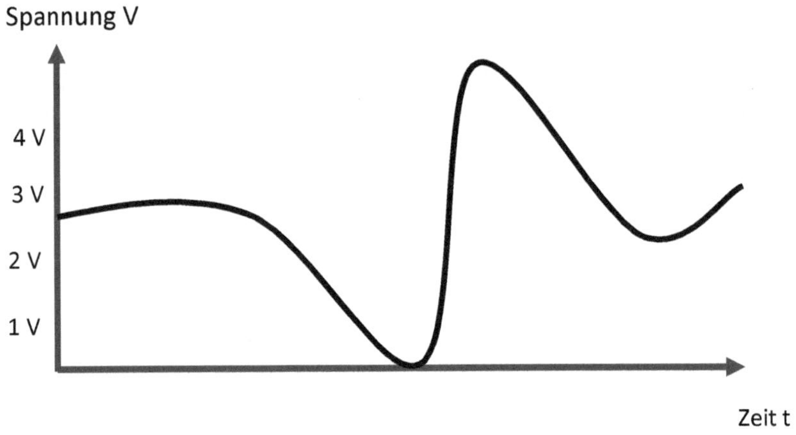

Abbildung 10 Analoger Spannungsverlauf

Bei einer digitalen Uhr ist das nicht der Fall. Die meisten digitalen Uhren ohne Ziffernblatt, beispielsweise Digitalwecker, können nicht einmal die Sekunden anzeigen. Die Uhr, bzw. der Wecker kann nur diskrete Werte annehmen.

Eine physikalische Größe, die nur bestimmte diskrete Werte annehmen kann, nennt man ein digitales Signal.

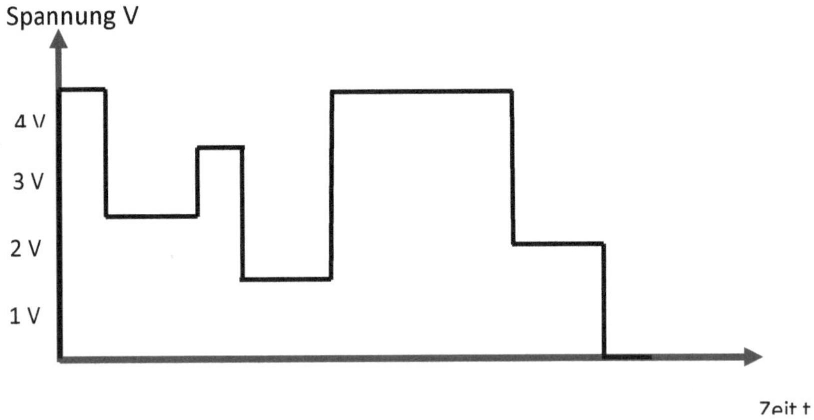

Abbildung 11 Digitaler Spannungsverlauf

Funfact: Das Wort digital leitet sich aus dem lateinischen Wort Digitus ab, was wörtlich übersetzt Finger bedeutet. Denn ein digitales Signal hat, genau wie unsere Finger, eine abzählbare Wertemenge.

Heutige Recheneinheiten, Taschenrechner, PC oder Smartphones verwenden einzig das digitale System. Eine Speichereinheit, ein sogenanntes Bit, kann entweder geladen sein (logische „1“) oder nicht geladen sein (logische „0“).

Um mit einer physikalischen Größe, beispielsweise mit der Außentemperatur, rechnen zu können, benötigen wir Sensoren, die die Wärmeeigenschaft der Luft in ein elektrisches Signal umwandelt.

Ein Sensor wandelt eine physikalische Größe in ein elektrisches Signal um, in diesem Fall die Temperatur in eine analoge Spannung.

Dieses analoge Signal wird anschließend in ein digitales Signal gewandelt. Dafür werden Analog-Digital-Wandler ADC (analog-digital-converter) verwendet.

Die Umwandlung eines analogen Signals in ein digitales Signal nennt man Abtastung.

Mit dieser digitalen Größe können wir anschließend unsere gewohnten Rechenoperationen (Addition, Subtraktion, ...) durchführen.

Möchte man anschließend eine analoge Größe ausgeben, beispielsweise um den Motor eines Ventilators zu betreiben, muss die digitale Größe in eine analoge Größe gewandelt werden.

Das Umwandeln einer digitalen Größe in eine analoge nennt man Filtern. Dafür werden Digital-Analog-Wandler DAC (digital-analog-converter) verwendet.

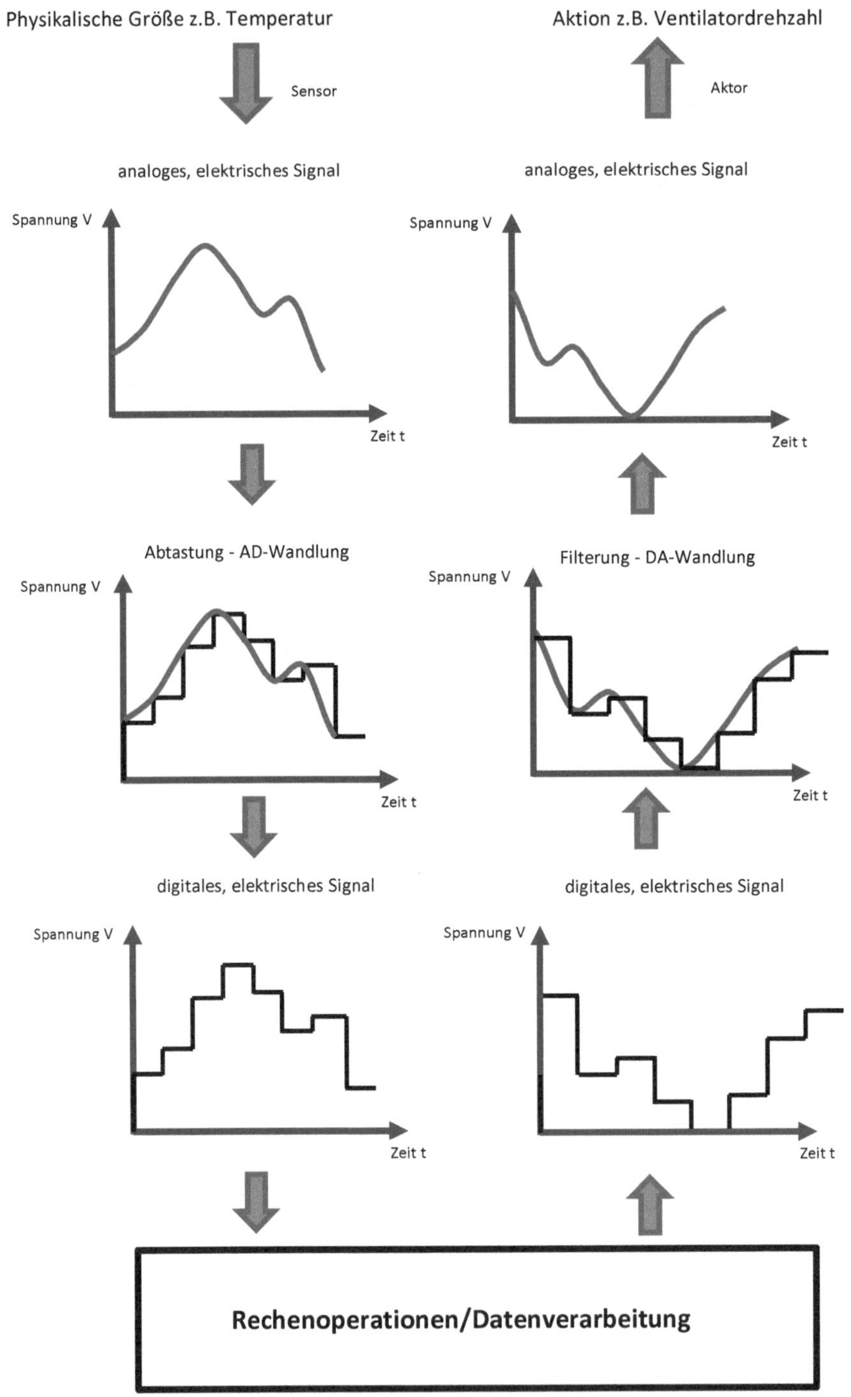

Abbildung 12 Ablaufdiagramm

Dabei muss einem bewusst sein, dass bei der analog-digitalen Wandlung Informationen verloren gehen, denn analoge Werte werden auf einen digitalen Wert „gerundet".

Durch das Abtasten eines analogen Signals gehen Informationen verloren. Dabei sind die Verluste abhängig davon, wie genau das Signal digitalisiert wird.

Bei der Temperatur ist es je nach Anwendung nicht bedeutend, ob der digitale Wert auf ganzzahlige Werte, sprich auf 19 °C, oder mit Nachkommastelle (19,5 °C) ausgegeben wird.

Bei Bildern, Videos oder Audiodateien sieht es hingegen schon anders aus. Durch die Digitalisierung bei der Aufnahme gehen Informationen und damit Qualität der Daten verloren. Es sei jedoch dazu gesagt, dass die Technik mittlerweile auf dem Stand ist, dass diese Effekte kaum noch bemerkbar sind, da die Abtastung in der Kenntnis unserer Wahrnehmungsschwellen feiner ist als diese.

2.8.1. Zahlensysteme eines Mikrocontrollers

Damit wir verstehen, wie der Mikrocontroller Zahlen interpretiert, widmen wir uns in diesem Kapitel den Zahlensystemen.

Wir alle kennen das Dezimalsystem aus unserem Alltag. Dass wir zehn Ziffern benutzen, liegt lediglich daran, dass wir zehn Finger besitzen und darauf das arabische Ziffernsystem aufgebaut wurde.

Wir zählen von null bis neun. Danach benötigen wir eine zusätzliche Stelle, um die nächsthöhere Zahl darstellen zu können.

Nach den Einern kommen die Zehner, Hunderter, Tausender und so weiter. Um das darstellen zu können, schreiben wir die Zahlen hintereinander. Wir weisen der Ziffer einen höheren Wert zu, je weiter vorn sie innerhalb der Zahl steht.

Die Mathematik kennt diese Interpretation nicht. Sie rechnet mit Potenzen. Dabei bildet die 10 die Basis. Die Stelle, an der die Zahl steht, entspricht der Potenz.

Die Zehner entsprechen, 10^1 die Hunderter 10^2 die Tausender 10^3 etc.

Unterbewusst wenden wir diese Regel unser Leben lang schon an. Beispielsweise interpretieren wir die Zahl 1273 als 1000 + 200 + 70 + 3.

Jede Zahl lässt sich so in Ziffern multipliziert mit einer Zehnerpotenz zerlegen.

$$1273 = 1000 + 200 + 70 + 3 = 1 \cdot 10^3 + 2 \cdot 10^2 + 7 \cdot 10^1 + 3 \cdot 10^0$$

Was ist aber, wenn wir nicht Zehn als Basis für unser Zahlensystem nehmen, sondern „2"? Dann sprächen wir vom Binärsystem, denn es gibt nicht zehn Ziffern, sondern lediglich zwei; nämlich die Null und die Eins.

Aber wie stellen wir denn dann die Zahl Zwei dar? Genauso, wie wir die Zahl Zehn im Dezimalsystem darstellen – mit einer zusätzlichen Ziffer. Die Zahl Zwei wird demnach dargestellt als „10".

Dann haben die Stellen auch nicht mehr die Gewichtung, $10^0, 10^1, 10^2, \ldots$ sondern $2^0, 2^1, 2^2, \ldots$.

Beispielsweise wird die Zahl 1011 im Binärsystem interpretiert als:

$$1011 = 1 \cdot 2^3 + 0 \cdot 2^2 + 1 \cdot 2^1 + 1 \cdot 2^0 = 1 \cdot 8 + 0 \cdot 4 + 1 \cdot 2 + 1 \cdot 1$$

Im Dezimalsystem entspricht die binäre 1011 also der Elf.

Die folgende Tabelle auf der nächsten Seite zeigt die Darstellung von Zahlen im Binärsystem.

Darstellung im Dezimalsystem	**Darstellung im Binärsystem**
0	0
1	1
2	10
3	11
4	100
5	101
6	110
7	111
8	1000
9	1001
10	1010
11	1011

12	1100
...	...
16	10000
32	100000
128	10000000
256	100000000
512	1000000000

Jetzt verstehst du auch den Witz: Es gibt nur „10" Arten von Menschen. Die, die Binärcode verstehen und die, die es nicht tun.

Oft wird dabei eine Stelle als Bit bezeichnet. Ein Bit kann nur den Zustand „1" oder „0" annehmen. Ein Byte sind acht Bits, ein Byte kann daher den Wertebereich von 0000000 (dezimal Null) oder 11111111 (dezimal 255) annehmen. Das wird später noch von großer Bedeutung sein, beispielsweise bei den Datentypen von Variablen.

Möchte man einem Mikrocontroller eine Zahl als Binärzahl übergeben, kennzeichnet man dies, indem man ein B vor die Zahl schreibt.

B1011

Warum ist das Binärsystem für uns so wichtig? Ganz einfach gesagt, weil der Computer keine Finger besitzt, sondern lediglich die Zustände „Spannung da" oder „keine Spannung" kennt. Alle Variablen, Operationen, Funktionen etc. werden auf der untersten Ebene als Bits und Bytes gespeichert.

Es gibt noch andere Zahlensysteme, beispielsweise das Oktalsystem mit der Basis acht (Kennzeichnung mit o vor der Zahl, z. B. o127) oder das Hexadezimalsystem mit der Basis 16 (Kennzeichnung mit ox vor der Zahl, z. B. oxE3). Für uns genügt es, das Binärsystem zu verstehen.

3. Die Arduino-Plattform erklärt

Nachdem wir die wichtigsten Elektrotechnik-Grundlagen wiederholt haben und wissen, dass ein Mikrocontroller mit digitalen Werten arbeitet, wird im folgenden Kapitel erklärt, was Arduino überhaupt genau ist, woher die Bezeichnung kommt und welche verschiedenen Ausführungen es gibt.

3.1. Was ist überhaupt Arduino

Arduino beschreibt eine Physical-Computing-Plattform. Das bedeutet, dass durch Verwendung und Zusammenspiel von Hardware und Software ein interaktives System entsteht. Dieses reagiert auf Ereignisse in der realen Welt, indem es diese analogen Größen durch Sensoren aufnimmt.

Dadurch können auch Laien schnellstmöglich komplexe Projekte realisieren. Vor allem Bastler, Erfinder und Tüftler aus aller Welt nutzen die Arduino-Plattform. Auch viele Unternehmen, beispielsweise 3D-Druckerhersteller, greifen gelegentlich auf Komponenten zurück, die mit der Arduino-Plattform kompatibel sind. Mittlerweile lernen auch viele Schüler das System schätzen und nutzen die Plattform als leicht zu handhabenden Einstieg in das Thema Mikroprozessoren.

Der Begriff Arduino wird im allgemeinen Sprachgebrauch sowohl für die Boards, also Platinen inkl. Mikrocontroller und Peripherie, als auch für die Software und Programmierung verwendet.

3.1.1. Entstehung

Die Gründer der Arduino-Plattform Massimo Banzi und David Cuartielles wollten möglichst vielen Menschen den Zugang zur Programmierung von Mikrocontrollern geben.

Deshalb wird sehr viel Wert daraufgelegt, dass die Plattform auch von technisch weniger versierten Personen genutzt werden kann. So wird beispielsweise die Struktur der Programmierung leicht verändert. Komplexe Bibliotheken werden von geschulten Programmierern geschrieben und der Endverbraucher kann diese einfach nutzen, ohne den vollen Umfang der Bibliothek zu verstehen.

Funfact: Arduino war der Name der Bar, wo sich die Gründer getroffen haben, um ihre Idee voranzutreiben. So wurde aus dem Namen eines kleinen Kaffees einer Provinz in Italien eine weltbekannte Marke samt riesiger Community.

Weiterhin ist sowohl die Hardware als auch die Software quelloffen. Das bedeutet, dass alles rund um das Projekt frei zugänglich ist.

Beispielsweise kann man auf der offiziellen Arduino-Homepage die Schaltpläne und Layouts der Arduino-Boards kostenfrei herunterladen. Auf der anderen Seite kann die Technik dadurch sehr leicht nachgebaut werden, was auch von vielen chinesischen Firmen praktiziert wird.

3.1.2. Hardware - Das Arduino-Board

Dadurch, dass die Technik für jedermann zugänglich ist, hat die Arduino-Plattform schnell an Beliebtheit gewonnen. Es haben sich große Communities gebildet und Technik-Firmen produzieren genau auf das Arduino-Ökosystem abgestimmte Sensoren und Aktoren.

Abbildung 13 Atmel-Chipreihe

Die Hardware besteht meist aus einem Mikrocontroller mit Umgebungsbeschaltung (Peripherie). Der verbaute Mikrocontroller stammt dabei aus der AtmelmegaAVR-Reihe, das ist eine 8-Bit Mikrocontrollerfamilie des Chipherstellers Microship aus den USA. Die AVR-Familie wurde wegen ihrer einfachen Programmierbarkeit gewählt, in der Ausführung mit Standard DIP-Chipgehäuse.

Die offizielle Bezeichnung Arduino ist geschützt, weshalb Nachbauten oftmals einen ähnlichen Namen haben, jedoch nur mit „Arduino-kompatibel" beworben werden dürfen. Beispiele von Nachbauten des Arduino Uno sind der Elegoo Uno, der Funduino Uno oder das „Sunfounder Board für Arduino Uno".

Die Ausstattung der verschiedenen Boards ist dabei je nach Modell mehr oder weniger umfangreich. Im Folgenden werden die verschiedenen Arduino-Modelle vorgestellt. Wir starten bei dem größten, umfangreichsten Modell, dem Arduino MEGA 2560 R3 und werden Schritt für Schritt kleiner, bis wir nur noch bei einem Chip ohne Peripherie, dem Atthiny ankommen.

3.2. Die Arduino-Familie im Überblick

3.2.1. Arduino Mega 2560

Der größte Arduino ist der Arduino Mega 2560. Der Name leitet sich vom verwendeten Mikrocontroller ab. Es ist ein ATmega2560 verbaut.

Der Chip besitzt 54 digitale und 16 analoge und weitere wichtige Pins, wie GND-Pins und Pins für Busse. Der Arduino besitzt eine USB-B-Buchse, über den er an einen PC angeschlossen und programmiert werden kann. Er kann über diesen USB-Port oder über eine externe Stromversorgung mit Strom versorgt werden.

Vor allem durch seinen großen, internen Speicher und viele Ein- und Ausgänge ist der Arduino Mega 2560 für große Projekte ausgelegt.

Heutzutage basieren viele 3D-Drucker auf einem ATmega2560-Chip.

Durch ein passendes Shield (siehe Kapitel 3.5) kann auch aus einem gewöhnlichen Mega 2560 das Mainboard eines 3D-Druckers werden. Die Software Marlin ist ebenfalls frei zugänglich.

3.2.2. Arduino Uno

Das mittlere Modell der Arduino-Familie bildet der Arduino Uno.

Er kommt auf einer Platine mit angelöteten Buchsenleisten daher. Alle wichtigen Pins wie analoge und digitale Ein- und Ausgänge sind vorhanden, auch verschiedene Busse, um z. B. eine SD-Karte ansteuern zu können.

Im Vergleich zum Arduino MEGA 2560 sind deutlich weniger Pins vorhanden. Jedoch benötigt man meistens nicht alle Pins des Arduino Unos.

Weiterhin kostet der Arduino Uno lediglich etwas mehr als die Hälfte eines Arduino Megas. Außerdem ist er sehr beliebt, deshalb gibt es eine große Community, jede Menge passendes Zubehör und Erweiterungen.

Der Arduino Uno kann als Allrounder der Arduinofamilie bezeichnet werden. Er ist für Anfänger bestens geeignet. Deshalb wird dieses Modell für die Projekte in diesem Buch verwendet.

3.2.3. Arduino Nano

Der Arduino unterscheidet sich äußerlich stark von seinen größeren Geschwistern. Die USB-B-Buchse wird dabei durch eine Mini-USB-Buchse ersetzt. Die Anschlussbuche für eine externe Stromversorgung ist ebenfalls entfernt worden. Darin liegt auch sein größter Vorteil. Er verwendet den gleichen Mikrocontroller wie der Arduino Uno, benötigt dabei aber lediglich ein Viertel der Platinenfläche.

Der Arduino Nano ist bestens für Projekte geeignet, bei denen es auf die Platzersparnis ankommt, man aber keine Abstriche in der Funktion machen möchte.

3.2.4. Arduino Pro Mini

Will man es noch kleiner haben, kann man auf den Arduino Pro Mini zurückgreifen. Im Vergleich zum Arduino Nano ist beim Arduino Pro Mini kein USB-Anschluss vorhanden, sodass der Bereich der Platine entfernt werden kann. Zum Programmieren benötigt man daher einen externen Adapter.

3.2.5. ATthiny

Die ATthiny Familie gehört nicht direkt zur Arduino-Famile. Da man die Controller über die Arduino-IDE programmieren kann, seien sie erwähnt, um zu zeigen, wie minimalistisch ein Arduino-Projekt aufgebaut werden kann.
Bei den ATthiny-Chips handelt es sich um „nackte" Mikrocontroller ohne Peripherie. Für den Einsatz muss eine eigene Platine entwickelt werden.

Zur Programmierung kann beispielsweise ein Arduino Uno verwendet werden. Mit seiner Hilfe diesen kann der ATthiny programmiert werden.

Neben den vorgestellten Ausführungen gibt es noch diverse Abwandlungen und Spezialfälle für ein Anwendungsgebiet.

Da der Aufbau der Arduinos Open-Source ist, gibt es auch viele Kopien von Herstellern aus Fernost zu kaufen. Diese verwenden meistens deutlich günstigere Hardwarekomponenten, das die Ausfallwahrscheinlichkeit erhöht.

Nachdem wir die Merkmale der verschiedenen Ausführungen kennengelernt haben, kommen wir zum Platinenaufbau eines Arduino. Hierbei wollen wir den Arduino Uno behandeln, da er das Standardmodell darstellt. Er bietet die Mischung aus Anschlussmöglichkeiten und Anfängerfreundlichkeit.

3.3. Aufbau des Arduino Uno

Die Platine ist mit vielen Bauteilen um den Mikrocontroller versehen, wie beispielsweise die Stromversorgungs- und USB-Anschlüsse für die Programmierung mittels PC-Kommunikation.

Abbildung 14 Arduino UNO von oben betrachtet

3.3.1. Anschlüsse und Schnittstellen

Beginnen wir zunächst mit dem Offensichtlichen, den Pins und Buchsen.

USB-Buchse: Die USB-Type B-Buchse kann zur Spannungsversorgung und zur Kommunikation mit einem Rechner verwendet werden. Bei der Spannungsversorgung ist darauf zu achten, dass der externe USB-Port ausreichend Leistung bereitstellt.

Die Niederspannungsbuchse dient einzig der Spannungsversorgung. Sie besitzt einen Eingangsspannungsbereich von 7 bis 12 V DC. DC steht dabei für direct current – Gleichstrom.

Auch hier ist darauf zu achten, ein Netzteil mit ausreichender Leistung zu verwenden.

Im oberen und unteren Bereich ist eine Buchenreihe mit Pins für die digitale Verwendung angebracht. Die Pins TX und RX sind Anschlüsse für eine serielle Busverbindung. Die digitalen Pins 2 - 13 können als Eingänge oder als Ausgänge verwendet werden. Die Pins können entweder den Wert 0 V oder 5 V annehmen. Zwischenstufen werden nicht akzeptiert. Die Tilde (~) neben den Pins bedeutet, dass diese Pins als PWM-Signal (Pulsweitenmodulationssignal) verwendet werden können, beispielsweise um einen Motor anzusteuern. Mit diesen Pins kann auch eine Spannung zwischen 0 V und 5 V erzeugt werden.

Daneben befindet sich ein Ground Pin (GND), ein Pin für eine analoge Referenzspannung (AREF) und zwei I2C-Pins (SCL und SDA) für eine I^2C -Busverbindung. Daneben befindet sich ein Reset-Knopf, der sinnvoll ist, wenn man den Mikrocontroller zurücksetzen möchte, ohne die Stromverbindung zu unterbrechen.

Im unteren Bereich sind die analogen Pins A0-A5 zu finden. Auch diese können als Eingänge verwendet werden und Werte von 0 V bis 5 V inklusive Zwischenstufen annehmen.

Wie kann der Arduino mit einer analogen Spannung rechnen? Welche Komponenten werden dafür benötigt?

Lösung: Die analoge Spannung am Pin wird zunächst mit Hilfe eines AD-Wandlers digitalisiert. Der Arduino besitzt dafür einen integrierten 10Bit-AD-Wandler.

Die meisten Pins, egal ob digital oder analog, werden direkt zum Mikrocontroller geführt, das uns direkt zum Herzstück führt, dem ATMEGA328P.

Der ARMEGA328P bildet das Gehirn des Arduinos. Den Chip gibt es in zwei Ausführungen, in der Variante zum Aufstecken und Abziehen mit Sockel auf dem Board und in der flachen SMD-Technik (surface mounted device). Wenn auch optisch unterschiedlich ist es der gleiche Chip mit den gleichen Eigenschaften und Anschlussmöglichkeiten.

Abbildung 15 Arduino UNO mit steckbarem Chip

Abbildung 16 Arduino UNO mit festem SMD-Chip

Neben dem Hauptchip ist ein weiterer Chip verbaut, der ATMEGA16U2. Dieser ist direkt neben der USB-Buchse angebracht und wandelt die USB-Signale in serielle Signale, die der ATMEGA328P verstehen kann. Er dient als ‚Übersetzer' zwischen PC und ATMEGA328P.

An den Datenleitungen Tx und Rx sind außerdem zwei LEDs angebracht. Wenn diese flackern wird damit angezeigt, dass die serielle Verbindung funktioniert.

Das geschieht beispielsweise, wenn der Mikrocontroller über den PC eine Programmierung bzw. Programmdaten erhält.

Neben diesen Leuchtdioden gibt es eine weitere Diode, die die Betriebsspannung anzeigt (Bezeichnung ON) und eine LED (L), die mit dem digitalen Pin 13 verbunden ist. Diese kann man z. B. verwenden, um während des Ablaufs eines Programms zu sehen, ob das Programm diesen PIN ansteuert.

Pins die mehrfach auf dem Board zu finden sind, sind direkt miteinander verbunden. Dazu gehören beispielsweise die GND Pins oder die Pins zu den Datenschnittstellen (SDA, SCL).

Die restlichen Komponenten, wie zwei große Kondensatoren und Widerstände, dienen der Spannungsstabilisierung oder als Schutzschaltung. Der ovale 16 MHz-Quarz taktet den Mikrocontroller. Schlussendlich gibt es noch einen Baustein, der für die Spannungsversorgung zuständig ist. Er generiert aus der Eingangsspannung im Bereich 7–12 V eine konstante 5V-Gleichstromspannung für den Mikrocontroller, sowie 3,3 V für externe Anwendungen. Dabei gibt es jedoch etwas zu beachten, ansonsten kann es schnell passieren, dass sich der Spannungswandler oder ein externes Gerät mit einer Rauchfahne verabschiedet.

Wie bereits erwähnt, wird die Eingangsspannung der Niederspannungsbuchse an den Spannungsregler geleitet. Alternativ kann man die Spannung auch direkt über den Vin-Pin einspeisen (siehe Pinout auf der nächsten Seite).

Der Vin-Pin ist mit der Niederspannungsbuchse verbunden.

Viele Adapter oder Erweiterungen sind auf 5 V oder 3,3 V ausgelegt. Daher sollte diese Erweiterungen nicht an dem Vin-Pin anschließen, sondern an den dafür vorgesehenen 5 V bzw. 3,3 V Pins.

Bevor man also ein Netzteil an den Arduino ansteckt, gilt es zu überprüfen, ob am Vin-Pin Erweiterungen angeschlossen sind.

Weiterhin ist zu beachten, dass der 5 V-Spannungswandler nur für sehr kleine Stromstärken ausgelegt ist. Laut Datenblatt kann er maximal 200 mA, also 1 W Leistung abgeben. Beim Betrieb von beispielsweise mehreren Motoren muss daher immer eine externe Stromversorgung angeschlossen werden, weil sonst der Spannungsregler überlastet wird.

3.3.2. Pinout

Das Pinout-Diagramm ist wichtig, um die Pins später im Programm richtig anzusteuern. Jeder Pin hat dabei eine oder mehrere Bezeichnungen.

Die Bezeichnungen der Pins sind auch seitlich am Arduino angeschrieben. Manchmal möchte man aber auch programmieren, wenn der Arduino gerade nicht in Reichweite ist. Deshalb empfiehlt es sich an dieser Stelle im Buch ein Lesezeichen zu setzen.

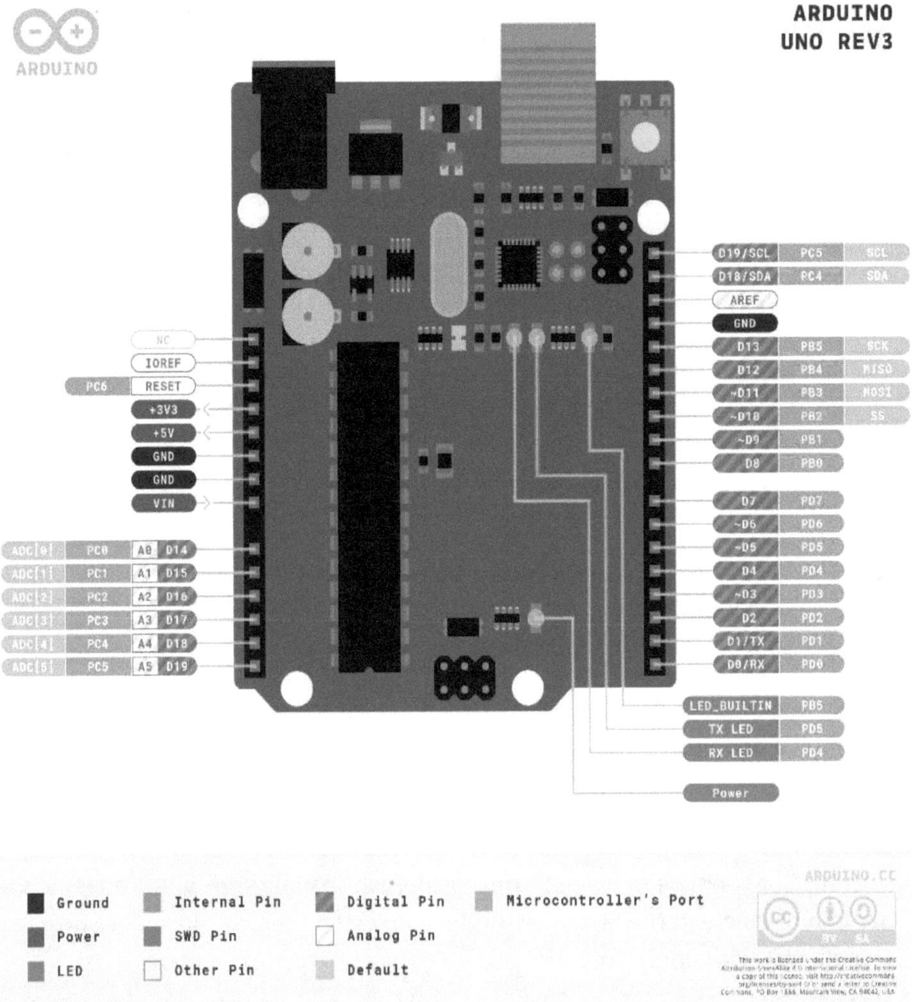

Abbildung 17 Pinout des Arduino UNOs

Die analogen Pins A0-A5 können bei Bedarf auch als digitale Pins D14-D19 verwendet werden.

3.4. Weitere Hardware

Die Arduino-Plattform hat schnell an Beliebtheit gewonnen. Auch viele Unternehmen haben den großen Markt gesehen und sich auf Erweiterungen und passende Bauteile für die Arduino-Plattform konzentriert. Einige der wichtigsten Sensoren, Aktoren und Platinen werden im Folgenden vorgestellt.

3.5. Arduino Shields

Arduino Shields sind Erweiterungs-Platinen, die exakt auf die Größe eines Arduinos angepasst sind. Die Abmessungen und Pinbelegungen sind dabei so ausgeführt, dass sie mit den Pins des Arduinos übereinstimmen und direkt auf den Arduino aufgesetzt werden können.

Arduino-Shields sind passgenaue Erweiterungsplatinen, die für ein spezielles Ziel entwickelt werden.

Auf den Shields selbst sind oftmals weitere Elektronikkomponenten verbaut, die für ein spezielles Einsatzgebiet vorgesehen sind. Als Beispiel sei hier das Motorshield genannt. Es passt auf einen Arduino Uno und Arduino MEGA2560. Auf dem Shield sind Motortreiber, Peripherie und Buchsen zum Anschließen von Gleichstrom-Motoren installiert. So kann aus einem Arduino die Steuerzentrale für ein Modell-Auto werden.

Mit Hilfe dieser Shields können auch größere Projekte einfach realisiert werden.

Beispielsweise wird mit einem Ramps 1.6 Shield und dem entsprechenden Programmcode aus einem Arduino MEGA2560 eine vollständige Recheneinheit für einen 3D-Drucker. In Verbindung mit solchen Shields benötigt man meistens noch Sensoren und/oder Aktoren.

3.6. Sensoren und Aktoren

Im Kapitel 2.8 Digitaltechnik haben wir bereits gelernt, dass Sensoren aus einer physikalischen Größe ein elektrisches meist analoges Signal erzeugen.

Alternativ sind auch Sensoren mit integrierter Auswerteelektronik vorhanden, die die physikalische Größe messen und die Messergebnisse über eine Schnittstelle an den Arduino übermitteln können. Die Schnittstelle kann ein (oder mehrere) Datenkabel sein. Alle verfügbaren Sensoren haben sowohl Vor- als auch Nachteile. Je nach Sensortyp muss man den Sensor unterschiedlich abfragen, um die Daten zu bekommen. Da Sensoren ein großer Bestandteil des Arduino-Ökosystems sind, werden wir später noch anhand von fünf Sensoren lernen, wie man sie ansteuert.

Der Begriff Aktor ist weniger verbreitet als Sensor.

Aktoren sind dabei das Gegenstück zu Sensoren. Sie setzen ein elektrisches Signal als Veränderung einer physikalischen Größe um. Beispielsweise setzt ein Elektromotor das Ausgangssignal in mechanische Bewegung um, oder ein Heizelement setzt das Ausgangssignal in Wärme um.

3.7. Breadboard und (Jumper-) Kabel

Um eine Schaltung schnell aufbauen zu können, benötigen wir ein sogenanntes Breadboard, bzw. zu Deutsch: Steckbrett.

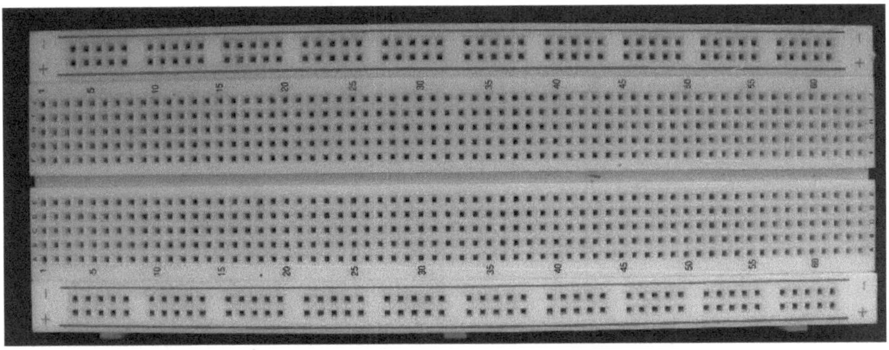

Abbildung 18 Steckbrett

Ein Breadboard besteht aus vielen Reihen und Spalten, wobei jeweils die inneren Reihen miteinander verbunden sind und außen die Spannungsversorgung angelegt ist. Die folgende Abbildung zeigt, welche Kontakte des Breadboards untereinander verbunden sind.

Abbildung 19 Steckbrett mit eingezeichneten Verbindungen

Steckbretter gibt es in vielen Größen und Ausführungen. Die Verbindungen sind dabei fast immer identisch. Bei jedem Arduino-Anfängerset ist solch ein Breadboard dabei. Meistens in Verbindung mit Jumper-Kabeln.Anstatt Kabel zusammenzulöten, verwenden wir Jumperkabel und Steckverbinder. Jumperkabel haben an ihrem Ende einen Stift, der in die Buchsen des Arduino und des Steckboards passt.

Abbildung 20 Jumper-Kabel

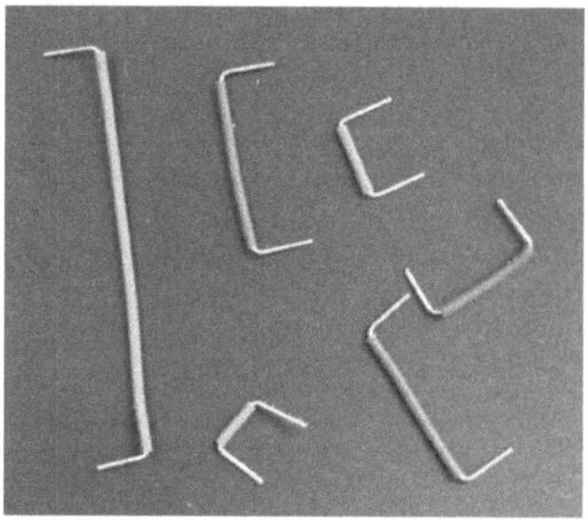

Abbildung 21 Steckverbinder

Steckverbinder sind hingegen einzig dafür konzipiert, Verbindungen auf dem Breadboard herzustellen.

Durch den einfachen Steckmechanismus kann man schnell Schaltungen aufbauen. Dabei ist natürlich stets darauf zu achten, welche Reihen verbunden sind!

Für Einsteiger im Bereich Arduino empfehlen sich sogenannte Starter-Kits. Diese werden von verschiedenen Herstellern in verschiedenen Größen angeboten. Je nach Umfang enthalten sie LEDs, Sensoren, Motoren, Displays und viele weitere Bausteine. Ein Breadboard und Kabel gehören dabei zur Grundausstattung.

4. Grundlagen Programmierung

Im Folgenden werden die Grundlagen der C-Programmierung erklärt. Natürlich kann im Rahmen eines Kapitels nicht eine komplette, vollumfängliche Einführung erläutert werden. Vielmehr geht es darum, die Logik und den Aufbau eines C-Programms im Kontext der Arduino-Programmierung zu erlernen. Als tiefgehende Literatur im Bereich der C-Programmierung ist zum Beispiel „C. Programmieren von Anfang an" von Helmut Erlenkötter zu empfehlen.

Um einem Mikrocontroller Leben einhauchen zu können, muss man die leeren Speicherzellen des Mikrocontrollers mit sinnvollem Code füllen. Das gilt nicht nur für die Arduino-Familie, sondern für jedes chipgesteuerte, elektronisches System. Eine Speicherzelle wird dabei als Bit bezeichnet. Die Zelle kann entweder gefüllt sein, das mit einer „1" dargestellt wird, oder sie kann leer sein, mit „0" dargestellt. Auch bekannt ist die Einheit Byte, das exakt 8 Bit entspricht.

Diese noch leeren Bits und Bytes werden durch Programmierung gefüllt. Dazu muss ein Code erstellt werden.

Ein Programm (Quellcode) ist an dieser Stelle noch nichts weiter als ein mehrzeiliger Text.

Einen Programmcode kann man in gewöhnlichen Text-Editoren öffnen und bearbeiten. Dazu benötigt man kein exotisches Programm.

Dieser Text wird danach durch einen Compiler interpretiert. Er übersetzt den Programmcode in sogenannten Maschinencode. Dieser wird anschließend an den Mikrocontroller übermittelt.

Um den Code zu erstellen, benötigt man eine passende Programmiersprache, die der Compiler versteht.

Jede Programmiersprache verwendet eigene Syntax, Zeichensetzung und Signalwörter. Verwendet man eine andere Programmiersprache als vorgesehen, kann der Compiler den Code nicht „verstehen"/interpretieren.

Der Mikrocontroller, der auf einem Arduino zum Einsatz kommt, kann über eine eigene Oberfläche (Arduino-IDE) programmiert werden. Verwendet werden können dabei Varianten der Programmiersprache C, C++, sowie Java.

Dass Java verwendet werden kann, ist vor allem für Programmierer von Vorteil, die bereits grafische Oberflächen mit Java bearbeitet haben. Java wurde früher oft für Webanwendungen verwendet.

Zum größten Teil werden Arduinos jedoch in C, vereinzelt in C++ programmiert. Nahezu jedes Tutorial, jede Anleitung und jedes Nachschlagewerk zum Thema Arduino legt die Programmiersprache C zugrunde.

Die Programmierung mit C ist nahezu unbegrenzt. Es ist anfängerfreundlich und leicht zu verstehen.

Im Folgenden werden die essenziellen Themengebiete für die Arduino-Programmierung vorgestellt.

Alle folgenden Informationen beziehen sich auf die Programmierung des Arduinos mit C. Das sind zum größten Teil auch allgemeine Informationen zur C-Programmierung, jedoch gibt es kleine, Arduino-typische Besonderheiten.

4.1. Kommentare und Anweisungen

Kommentare dienen der Übersichtlichkeit und Struktur eines Programms. Ein Kommentar wird vom Compiler nicht übersetzt. Er dient lediglich dem Menschen, um das Programm besser verstehen zu können.

4.1.1. Kommentare

Kommentare werden mit zwei Schrägstrichen (slashes) angeführt.

```
// dies ist ein Kommentar
```

Möchte man mehrere Zeilen auf einmal auskommentieren, beginnt man mit einem Schrägstrich gefolgt von einem Stern. Ebenso schließt man die Kommentarsektion mit einem Stern, gefolgt von einem Schrägstrich.

```
/* dies ist ein Kommentar

dies hier ist immer noch ein Kommentar

auch das ist noch ein Kommentar */
```

Vor allem, wenn mehrere Leute an einem Projekt arbeiten oder mehrere Personen denselben Code verstehen sollen, sind Kommentare unumgänglich.

Weiterhin empfiehlt sich am Anfang eines Programms ein Kopf-Kommentar, bei dem alle wichtigen Daten zum Programm enthalten sind. Beispielsweise:

```
/* Programmcode: Beispiel-Arduino-Projekt

Autor: Max Mustermann

Erstellt: 12.12.2021

Projektstand: 01.01.2022

*/
```

4.2. Anweisungen

Anweisungen (eng. instructions) bilden den Kern eines Programms. Hier können z. B. Rechenoperationen und Ein- oder Ausgabebefehle stehen. Auch das Definieren von Variablen, das Aufrufen von Funktionen oder das Abbrechen einer Schleife ist eine Anweisung.

Eine Anweisung wird mit einem Semikolon beendet. So weiß der Compiler, dass das Vorherige als Anweisung interpretiert werden soll.

```
Anweisung1; //Kommentar zu Anweisung1

Anweisung2;

Anweisung3;
```

4.3. Variablen

Variablen sind Zahlen, die während der Laufzeit eines Programms verändert werden können. Sie dienen zur Speicherung von Werten oder Ziffern. Variablen müssen am Anfang eines Programms initialisiert werden und können während eines Programms verändert werden. Die Benennung der Variablen sollte sinnvoll und kurz sein.Eine Variable, in der beispielsweise ein Temperaturwert gespeichert wird, könnte demnach Temp1 heißen.

Bei mehreren ähnlichen Variablen empfiehlt es sich diese durch den Namen oder Indizes zu unterscheiden.

4.3.1. Datentypen

In C gibt es verschiedene Variablentypen, die sich in ihrer Größe (Speicherplatzbedarf) oder dem Inhalt unterscheiden.

Wenn eine Variable beispielsweise nur 0 oder 1 werden kann, reicht schon ein einzelnes Bit Speicherplatz aus, um die Information abzubilden. Es macht daher keinen Sinn, der Variable 2, 3 oder 10 Bit zuzuweisen. Es ist immer sinnvoll, sparsam zu programmieren. Am Anfang zeigen sich noch keine Probleme, doch mit der Erfahrung wachsen auch die Projekte, und so kann einem schnell der Speicherplatz ausgehen, wenn man jeder Variablen den maximalen Speicher „spendiert“.

Das Beispiel mit der Variablen war ein einfaches Beispiel. Natürlich gibt es noch sehr viel komplexere Methoden, um z. B. Speicher zu „sparen“.

Ein Beispiel für suboptimale Programmierung ist die Benutzeroberfläche Windows. Jeder kennt Windows oder hat es sicherlich schon einmal genutzt. Windows wurde ebenfalls programmiert. Natürlich ist der Source-Code von Windows mittlerweile gigantisch und kann von einzelnen Personen nicht mehr überblickt werden.

Ein großer Teil des Codes ist jedoch nicht essenziell, sondern schlicht überflüssig. Aufgrund der Komplexität und des Umfangs des Codes können jedoch nicht einmal die heute verantwortlichen Programmierer selbst sagen, ob man Teile des Codes entfernen kann, ohne dass es an anderer Stelle Auswirkungen hat. Nach dem Motto „never change a running system“ ist Windows dadurch mit knapp 60 GB an benötigtem Speicher deutlich größer als es sein müsste.

Das Beispiel zeigt, wie wichtig eine sinnvolle Programmierung und die richtige Wahl der Variablen ist.

In der folgenden Tabelle sind die wichtigsten Variablentypen mit ihrem Wertebereich aufgelistet. Es gibt noch unzählige weitere Variablentypen, die für Neueinsteiger aber keine bis überhaupt keine Rolle spielen.

Name	**Abkürzung**	**Speichbedarf**	**Wertebereich**	**Besonderheit**
Boolean	boolean	1 Bit	0 und 1 (True or False)	
Byte	byte	8 Bit = 1 Byte	0 ...255	Keine negativen Werte

Character	char	8 Bit = 1 Byte	-128 ...127	Speichert einen Buchstaben
Unsigned character	unsigned char	8 Bit = 1 Byte	0 ...255	Keine negativen Werte
Integer	int	16 Bit = 2 Byte	-32.768 ...32.767	Nur ganze Zahlen
Unsigned integer	unsigned int	16 Bit = 2 Byte	0 ...65535	Nur ganze Zahlen
Long	long	32 Bit = 4 Byte	-2.147.483.648 ... 2.147.483.647	
Unsigned long	unsigned long	32 Bit = 4 Byte	0 ... 4.294.967.295	Keine negativen Werte
Float	float	32 Bit = 4 Byte	$-3{,}4028235 \cdot 10^{38}$... $3{,}4028235 \cdot 10^{38}$	(Gleit-) Kommazahlen

Wir wollen die Körpergröße eines Kindes im Verlauf seines Lebens messen und speichern. Dabei wird die Größe in cm verwendet und in eine Variable gespeichert.

Welcher Datentyp eignet sich am besten zum Speichern der Größe?

Lösung: Am sinnvollsten wäre der Datentyp byte. Mit diesem Datentyp kann man Werte von 0 cm bis 255, in unserem Beispiel als Zentimeter (255 cm = 2,55 m), speichern. Der Datentyp char würde auch funktionieren, jedoch wird dieser zum Speichern von Buchstaben und nicht zum Speichern von Zahlen verwendet. Alle anderen Datentypen wie int, long oder float würden auch funktionieren, nehmen aber deutlich mehr Speicher in Anspruch.

Neben den Variablen, also veränderlichen Zahlen, gibt es auch noch Konstanten. Diese bleiben, wie ihr Name es schon verrät, unverändert.

Für eine Konstante schreiben wir den Begriff const vor den Datentyp. Damit ist es vor allem für den Leser des Programms klar, dass es sich um eine Konstante handelt.

Alternativ ist auch der #define-Befehl verwendbar. Dabei ersetzt der Compiler an allen Stellen, an denen die Konstante vorkommt, den Konstantennamen durch den Konstantenwert (hier 6).

```
#define Beispielkonstante 6
```

Oder

```
const int Beispielkonstante = 6;
```

Für Einsteiger sind beide Varianten gleichwertig, meistens wird const verwendet.

4.3.2. Operatoren

Man kann mit Variablen rechnen oder verschiedene Variablen miteinander vergleichen. Das wird vor allem beim nächsten Abschnitt, Funktionen und Schleifen noch sehr wichtig. Daher gehen wir die wichtigsten Operatoren zusammen durch. Diese sind aus der Mathematik bekannt, die Besonderheiten ihrer Syntax unter C werden hier kurz erklärt. Wichtig ist auch zu verstehen, dass das Ergebnis eines Vergleichs entweder „wahr" oder „falsch" sein kann. Dafür müssen wir jedoch die Regeln kennen, wann wie entschieden wird.

Operator	**Bedeutung**	**Beispiel**	**Funktion**
	Arithmetische Operatoren		
=	Zuweisung	X=3;	
+	Addition	x=Y+2;	
++	Inkrement	x++;	X wird um eins erhöht Kurzschreibweise für x=x+1;

-	Subtraktion	x=Y-2;	
--	Dekrement	x--;	X wird um eins verringert Kurzschreibweise für x=x-1;
*	Multiplikation	x=y*2	
/	Division	x=y/2	
%	Modulo	X= 10%3;	Liefert den Rest bei Division. 10 geteilt durch 3 ergibt 3, Rest 1, also nimmt x den Wert 1 an.

Vergleichsoperatoren

<	Kleiner?	3<5
<=	Kleiner gleich?	3<=5
>	Größer?	5>3
>=	Größer gleich?	5>=3
==	Gleich?	5==4
!=	Ungleich?	4!=5

Logische Operatoren

!	Negation	x=!y;	Ist y wahr, wird x falsch und umgekehrt
&&	Und	x= 1&&0	wahr entspricht wahr, null entspricht falsch, daher ist x auch falsch (denn es muss beides wahr sein
||	Oder	x=1||0	wahr entspricht wahr, null entspricht falsch, daher ist x wahr

4.4. Funktionen

Auch Funktionen sind aus dem Schulunterricht bekannt. y = mx+c ist das klassische Beispiel einer linearen Funktion. Der Grundgedanke dabei ist, dass man der Funktion eine Zahl x übergibt, und anschließend eine Zahl y herausbekommt.

Eine Funktion beim Programmieren beschränkt sich jedoch nicht nur auf Ein- oder Ausgabewerte als Zahlen.

Beispielsweise kann man einer Funktion einen Buchstaben oder ein ganzes Wort statt einer Zahl übergeben. Zurück bekommt man ebenfalls nicht zwangsläufig eine Zahl.

Als „Rückmeldung" auf eine Funktion kann sich beispielsweise ein Motor drehen, ein Bild oder ein Text angezeigt werden.

Als Beispiel nehmen wir die im Kapitel 5.3.4 noch ausführlicher behandelte Funktion analogRead();

Die Funktion liest den Spannungswert ein, der an einem analogen Input-Pin des Arduinos anliegt.

Als Eingabeparameter wird der Funktion mitgeteilt, welcher Pin des Arduinos ausgelesen werden soll. Als Rückgabe erhält man einen Wert, der der Spannung an dem entsprechenden Pin entspricht.

Null steht dabei für 0 V und 1023 steht dabei für 5 V.

Beispiel:

```
int Temperatur;

Temperatur = analogRead(A8);
```

Der Variable „Temperatur“ wird der Wert zugewiesen, der am Pin A8 angelegt ist.

4.5. Schleifen und Bedingungen

Schleifen und Bedingungen sind Hilfswerkzeuge, um ein Programm übersichtlicher und effizienter zu steuern. Mit Hilfe von Schleifen kann man bestimmte Programmabschnitte wiederholen und mit Hilfe von Bedingungen kann man Programmteile unter bestimmten Programmvoraussetzungen überspringen oder ausführen lassen.

Eine der wichtigsten Anweisungen, wenn es ans Programmieren geht, ist die if-Anweisung.

4.5.1. If-else-statement

Die zu Deutsch „Wenn-dann“ -Anweisung wird nur ausgeführt, wenn eine Bedingung erfüllt ist. Die Bedingung wird nach dem Signalwort „if“ in runde Klammern geschrieben. Wichtig zu verstehen ist, dass die Bedingung „auf Wahrheit“ geprüft wird. Siehe auch die Operator-Tabelle 4.2.2.

Alle Anweisungen, die ausgeführt werden, wenn die Bedingung erfüllt ist, werden in geschweifte Klammern geschrieben.

```
if(Bedingung){
Anweisung1;
Anweisung2;

...
}
```

Ist die Bedingung erfüllt, wird der Programmcode in den geschweiften Klammern ausgeführt.

Ist die Bedingung nicht erfüllt, wird die If-Anweisung übersprungen und das Programm setzt nach den geschweiften Klammern fort.

Möchte man alternative Anweisungen ausführen lassen, also wenn die nicht Bedingung erfüllt ist, verwendet man die else-Anweisung. Diese ist optional, man kann sie weglassen.

Beispiel:

```
int Temperatur;                                //Variable für die Temperatur
string Status;                                 //Variable für den Status
if(Temperatur>24){                     //Nur wenn Temp > 24 °C ist ...
Status = "es ist zu warm";             //...ist es zu warm
}
else{
Status="es ist nicht zu warm";
}
```

Nur wenn der Wert der Temperatur über 24 steigt, wird der Variablen Status „es ist zu warm“ zugeordnet.

Wenn kein Vergleichsoperator verwendet wird, wird jede Zahl ungleich Null als „Wahr“ interpretiert. Lediglich die Null selbst wird als „Falsch“ interpretiert.

Prüfe selbst, wann ist die if-Bedingung erfüllt? Wann nicht?

```
if(3>5) {...... }

if(3<5) {...... }

if(3) {...... }

if(0) {...... }

if(!3) {...... }

if(2==2) {...... }

if( (4>2) && (3<1) ) {...... }
```

Lösung:

1. *Nein, 3 ist kleiner als 5, daher wird das if-Statement nicht ausgeführt.*
2. *Ja, 3 ist kleiner als 5, daher wird das if-Statement ausgeführt.*
3. *Ja, 3 ist eine Zahl ungleich Null, daher wird sie als „wahr" interpretiert und das if-Statement wird ausgeführt.*
4. *Nein, die Zahl Null wird als „falsch" interpretiert und das if-Statement wird nicht ausgeführt.*
5. *Nein, die Zahl drei wird als wahr interpretiert, jedoch negiert, daher wird das if-Statement nicht ausgeführt.*
6. *Richtig, denn 2==2 ist ein wahres Ergebnis.*

   Achtung, hier muss „==" zur Prüfung einer wahren Aussage verwendet werden. Der Operator „=" ist eine Zuweisung, keine Prüfung. If(2 = 2) würde ein Error ergeben. Ein häufiger Fehler!

7. *Nein, es muss sowohl 4 größer als zwei sein, und 3 kleiner als 1, daher wird das if-Statement nicht ausgeführt.*

4.5.2. For-Statement

Das for-Statement ist etwas komplexer aufgebaut.

Das for-Statement wiederholt die Anweisungen, die in geschweiften Klammern geschrieben werden, solange die Bedingung erfüllt ist. Oftmals wird dafür eine Zählvariable definiert, die hoch- oder heruntergezählt wird.

Aufbau:

```
for (Initialisation der Zählvariablen; Bedingung; Inkrement) {

        }
```

Beispiel:

```
for (int i=0; i <= 10; i++){   // Anweisung wird insgesamt 11 Mal ausgeführt

 }
```

Die Anweisung in diesem Fall wird 11 Mal ausgeführt, weil die Zählvariable bei i=0 anfängt und die Prüfbedingung i<= 10 ist. Bei i<10 würde die Schleife nur 10 Mal durchlaufen.

4.5.3. While-Schleife

Eine while-Schleife läuft immer weiter, bis die Bedingung, die in den runden Klammern steht, „falsch" wird. Die Schleife kann auch unendlich laufen, wenn die Bedingung niemals logisch (boolean) „false" wird.

Eine While-Schleife läuft, solange die Bedingung der Schleife wahr ist. Wenn in der While-Schleife nichts ausgeführt wird, das die Bedingung beeinflusst, läuft sie unendlich

Beispiel einer Schleife, die 10 Mal ausgeführt wird.

```
int i = 0;                          //Zählervariable

while(i < 10) {

  i++;                                          // erhöhe i um 1

}
```

4.5.4. Do-While

Die do-while-Schleife funktioniert sehr ähnlich wie die while-Schleife. Der große Unterschied besteht darin, dass die Bedingung erst am Schluss der Schleife geprüft wird. Die Schleife wird also mindestens einmal ausgeführt.

Beispiel:

```
int i = 0;                      //Zählervariable

do {

 i++;                           // erhöhe i um 1

} while(i < 10)
```

4.5.5. Loop-Schleife

Die loop-Schleife ist eine Arduino-typische Endlosschleife. Sie wird benötigt, damit der Mikrocontroller immer etwas zu tun hat. Die Loop-Schleife kann man sich als „Ruhemodus" des Mikrocontrollers vorstellen. Sie ist quasi eine while-Schleife, die immer „wahr" ist.

4.6. Bibliotheken

Bibliotheken (eng. libraries) sind ein weiterer riesiger Vorteil des open-source-Konzeptes Arduino. Eine Bibliothek ist im Grunde nichts anderes als die nicht-physikalische Erweiterung des Funktionsumfangs der Arduino-Software durch das Hinzufügen weiterer Befehle und Funktionen.

Dahinter verbergen sich meistens riesige Codes, deren Verständnis des Codeaufbaus zur Benutzung nicht erforderlich ist.
Beispielsweise ist es sehr mühsam, das Ansteuern eines Servo-Motors von Hand zu programmieren.

Stattdessen gibt es eine fertige Bibliothek, durch die man die Servos mittels einfacher Funktionen ansteuern kann. Denn warum sollen wir die Ansteuerung selbst programmieren, wenn sich bereits jemand anderes die Mühe gemacht hat?

Eine Bibliothek muss am Start eines Programms eingeladen werden. Das wird durch das #include realisiert.

Beispielsweise ist der Befehl zur Nutzung der Servo.h-Bibliothek

```
#include <Servo.h>
```

Um eine Bibliothek nutzen zu können, muss die Bibliotheksdatei im Installationsordner der Arduino-IDE liegen. Bei Installation der Bibliothek über die Arduino-IDE geschieht das automatisch.

Wie das am einfachsten umzusetzen ist, wie man die Arduino-IDE installiert und die wichtigsten Funktionen lernen wir im nächsten Kapitel kennen.

5. Die Arduino-IDE

Die Arduino-IDE (integrated develloping environment) ist ein kostenloses Programm, das wie das ganze Arduino-System, auf Benutzerfreundlichkeit ausgelegt ist. Dem Benutzer wird ein Rahmen für sein Programm vorgegeben.

Mit Hilfe der Arduino-IDE kann man alle Arduino-Modelle, egal ob Arduino Nano, Arduino Uno oder Arduino Mega, programmieren.

Die Installation der Arduino-IDE ist beinahe selbsterklärend.

Die offizielle Arduino-Website ist unter arduino.cc zu erreichen. Unter dem Abschnitt Software gelangt man zum Download. Die Software ist sowohl für Windows, Mac OS X und Linux verfügbar.

Da ein Großteil der Leser auf einen Windows-PC zurückgreift, wird die Installation unter Windows behandelt. Die Installation unter Mac OS X und Linux sind sehr ähnlich. Mittlerweile ist auch eine Microsoft-App verfügbar, die im zugehörigen Store heruntergeladen werden kann.

Da nicht jeder über ein dortiges Konto verfügt und den Store nicht nutzen kann, wird der alternative Download via Exe-Datei gezeigt. Der Download über den zip-Ordner ist ebenfalls möglich, jedoch wenige Klicks aufwendiger.

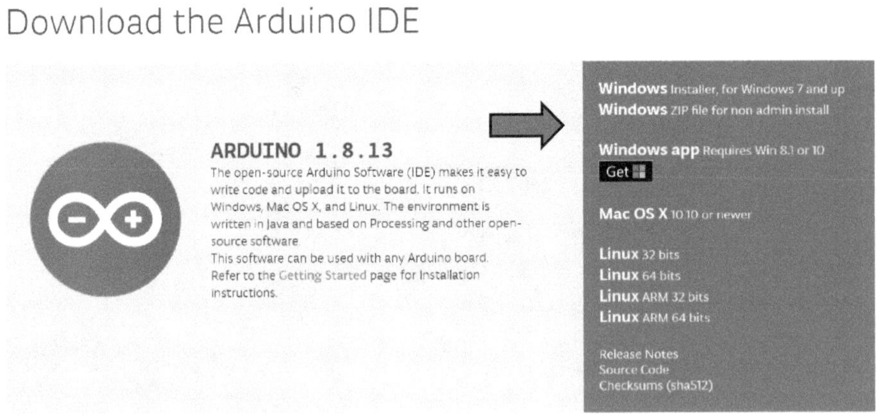

Abbildung 22 Download der Arduino IDE

Vor dem Download erscheint eine Spendenaufforderung. Die Arduino-Plattform ist vollständig kostenlos, weshalb sie auf Spenden angewiesen sind. Ob oder wie viel gespendet wird, hat jedoch keine Auswirkung auf den Download oder das Programm an sich. Nachdem der Download gestartet wurde, muss man lediglich den Anweisungen folgen und die Software installieren. Das dauert in der Regel wenige Minuten.

5.1. Aufbau eines Arduino-Programms

Nachdem die Software installiert ist, können wir die Arduino-IDE das erste Mal öffnen. Es erscheint ein sogenannter Sketch mit dem aktuellen Datum im Namen. Ein Sketch ist die Bezeichnung für den Programmcode.

Der Sketch besteht aus einer relativ leeren Seite, die gleichzeitig das Grundgerüst eines jeden Arduino-Programms darstellt.

Die zwei Abschnitte setup und loop sind zwingend erforderlich und müssen bei jedem Programm vorhanden sein.

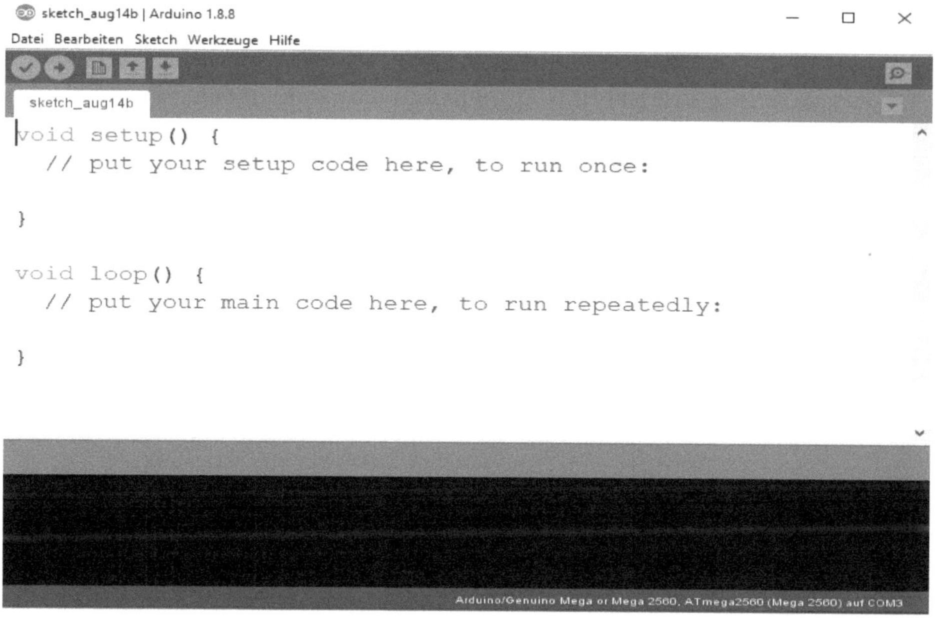

Abbildung 23 Arduino IDE

5.2. void setup(){ }

void setup(){ } stellt dabei eine Funktion dar, die nach Start des Mikrocontrollers einmalig ausgeführt wird. Sie heißt standardmäßig setup und kann theoretisch beliebig umbenannt werden. Es empfiehlt sich jedoch der Übersichtlichkeit wegen den Namen nicht zu ändern.

Im setup() Teil werden beispielsweise Ein- und Ausgänge definiert oder externe Hardware initialisiert.

Globale Variablen oder Bibliotheken müssen hingegen außerhalb des setup() definiert bzw. einbezogen werden, da man sie sonst nicht in anderen Funktionen nutzen kann.

Wann und wie etwas definiert oder initialisiert wird, werden wir im Detail nochmal beim ersten praktischen Beispiel behandeln.

5.3. void loop(){ }

void loop(){} hingegen beschreibt ein Programm, das fortlaufend ausgeführt wird (loop). Der Datentyp void wird Funktionen vorangestellt, bei denen kein Wert zurückgeben wird.

Nach dem Einschalten des Mikrocontrollers wird die setup-Funktion einmalig ausgeführt. Anschließend wird die loop-Funktion ausgeführt und unbegrenzt wiederholt.

In der loop-Funktion steht der eigentliche Programmablauf, ob eine LED blinken, Sensoren eingelesen oder ein Motor bewegt werden soll.

5.4. Bibliotheken hinzufügen

Was Bibliotheken sind und wofür sie gut sind, wissen wir bereits. Aber wie kann ich sie am einfachsten hinzufügen?

In der Arduino-IDE gibt es eine Übersicht über alle Bibliotheken, ähnlich wie in einem App-Store kann man sich dort verschiedene Bibliotheken suchen und installieren, natürlich alles kostenfrei. Dazu gehen wir unter Sketch und anschließend relativ weit unten auf Bibliotheken einbinden. Hier öffnet sich ein Menü mit allen verfügbaren Bibliotheken. Durch einen Klick auf Bibliotheken verwalten gelangen wir auf eine Übersicht, wo wir unsere aktuellen Bibliotheken updaten. Außerdem können wir nach diversen Bibliotheken suchen und diese über Installieren hinzufügen. Laden wir hingegen eine Bibliothek (aus dem Internet) als zip-Datei herunter, kann sie alternativ über Sketch > Bibliothek einbinden > Zip-Bibliothek einbinden installiert werden.

Anschließend kann man die Bibliotheken über Sketch > Bibliothek einbinden und Auswahl der Bibliothek einbinden. Alternativ kann man die Bibliothek auch händisch mit dem #include Befehl am Start eines Programms einbinden.

5.5. Einrücken

Eines der wichtigsten Werkzeuge, um den Programmcode übersichtlich gestalten zu können, ist das Einrücken. Damit können Programmteile gegliedert und optisch separiert werden. Auch Absätze können für den Anfang der Übersichtlichkeit dienen, bei größeren Projekten empfiehlt es sich jedoch größere Absätze zu vermeiden.

```
int x = 1
void loop() {
  if (x==1) {
    for (i = 0; i < 10; i++) {
      Serial.println(x);
    }
  }
}
```

Eine Regel für das Einrücken lautet, dass bei jeder neuen Programmebene eingerückt wird.

Eine neue Programmierebene beginnt nach geschweiften Klammern, beispielsweise bei einer Funktion, einer Schleife oder einem Statement.

Vorteil dabei ist, dass die schließende, geschweifte Klammer ‚}' direkt unter dem Statement oder der Schleife steht, zu der sie gehört. Die folgende Abbildung zeigt die verschiedenen Programmierungsebenen anschaulich. Man kann sofort erkennen, welche Codezeilen zur if-Anweisung und welche zur for-Schleife gehören.

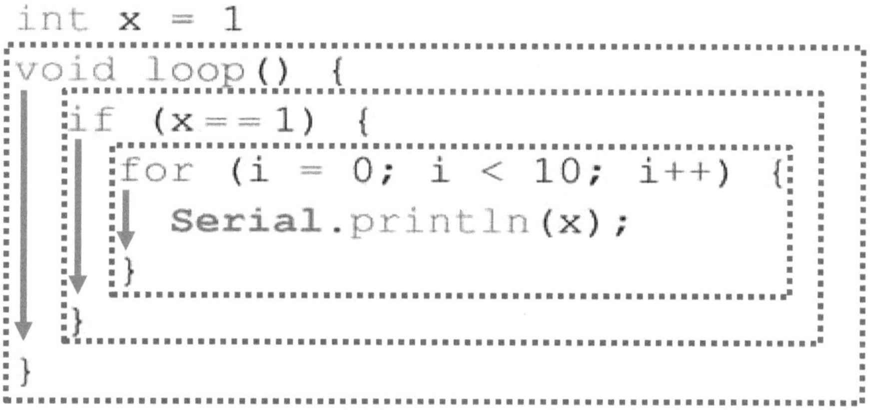

Ein weiterer Vorteil: wenn man mit der Maus eine geschweifte Klammer markiert, erscheint die dazugehörige Klammer rot hinterlegt. Damit kann man schnell prüfen, ob man eine geschweifte Klammer vergessen oder zu viel hat.

Die Arduino-IDE besitzt eine Auto-Formatierungsfunktion. Mit STRG+T wird der Code automatisch formatiert.

5.6. Wichtige Funktionen

Wie du dir sicher vorstellen kannst, gibt es mittlerweile nahezu unendlich viele Projekte, Bibliotheken und Funktionen. Täglich kommen neue hinzu.

Dementsprechend ist es praktisch unmöglich, alle Funktionen im vollen Umfang zu erläutern. Die Beschreibung zu einigen Bibliotheken und Funktionen ist umfangreicher als dieser komplette Einsteiger-Ratgeber.

Deshalb konzentrieren wir uns lediglich auf die wichtigsten Funktionen, die in nahezu jedem Programm vorkommen, beispielsweise die Funktion, die externe Signale einlesen oder auswerten zu können.

Wir beginnen zunächst mit den Wichtigsten.

5.6.1. delay und delaymicroseconds

Der Prozessor arbeitet die Befehle in rasender Geschwindigkeit ab. Oftmals möchte man jedoch, dass der Prozessor an einer Stelle eine kurze Pause in der Programmausführung einlegt.

Dafür ist die Funktion delay() zuständig.

Man teilt der Funktion die gewünschte Wartezeit in Millisekunden mit. 1000 Millisekunden entsprechen einer Sekunde. Wollen wir, dass das Programm an einer Stelle zwei Sekunden wartet, schreiben wir

```
delay(2000);
```

delayMicroseconds() verwenden wir, wenn wir weniger als eine Millisekunde warten wollen. Wir übergeben der Funktion die Zeit in Mikrosekunden. 1000 Mikrosekunden entsprechen einer Millisekunde. Wollen wir für 200 Mikrosekunden warten, so schreiben wir

```
delayMicroseconds(200);
```

5.6.2. analogRead()

Die Funktion analogRead() liest den Wert eines analogen Pin ein. Der Wert wird an die Funktion zurückgegeben.

Möchten wir beispielsweise den Spannungswert am Pin A5 wissen, schreiben wir

```
analogRead(A5);
```

Um den Wert zu speichern, müssen wir ihn anschließend in eine Variable schreiben.

Da der Arduino nur digital rechnet, wird dieser Wert, der im Bereich 0 V bis 5 V liegt, in eine Zahl umgerechnet werden.

Die Arduino-Boards enthalten dazu einen 10-Bit-Analog-zu-Digital-Konverter. Der AD-Wandler weißt den Eingangsspannungen an den analogen Pins, die zwischen 0 V und 5 V liegen, jeweils einen Integer-Wert zwischen 0 und 1023 zu.

Bei einem Arduino Uno entspricht eine sogenannte Quantisierungsstufe also $\frac{5V}{1024} = 0{,}0049\,V = 4{,}9\,mV$

Möchte man also den Spannungswert an einem Pin direkt als Wert im Programm verwenden, lautet die Umrechnung:

Spannung in V = analogRead(analoger Pin) · 0,0049;

! Die Funktion analogRead(); gibt einen Integerwert zurück. Möchte man den Wert in einer Variablen eines anderen Typs speichern, muss erst eine Typumwandlung erfolgen.

5.6.3. map()

Die map-funktion wird häufig in Kombination mit der analogRead() Funktion verwendet.

Die Funktion bildet einen Zahlenbereich auf einen anderen ab. Sie ist daher perfekt geeignet, um den Wert, den wir von der Funktion analogRead() bekommen, in unseren gewünschten Wertebereich umzurechnen.

Dafür benötigt die Funktion den Wert, der umgerechnet werden soll, die untere und obere Grenze des aktuellen Wertebereichs sowie die untere und obere Grenze des neuen Wertebereichs.

Beispielsweise soll ein Messwert am analogen Pin A2 in eine Spannung von 0 V bis 5000 mV umgerechnet werden.

```
int Messwert = analogRead(A2); // dieser Wert ist im Bereich 0 ...1023

int Spannung_in_mV = map(Messwert,0,1023,0,5000);
```

Messwert	-> Wert, der zugeordnet werden soll.
0	-> Die untere Grenze des aktuellen Wertebereichs
1023	-> Die obere Grenze des aktuellen Wertebereichs.
0	-> Die untere Grenze des neuen Wertebereichs.
5000	-> Die obere Grenze des neuen Wertebereichs.

Der Wert wird vom alten Wertebereich 0 ...1023 auf den neuen Wertebereich 0 .... 5000 umgerechnet.

Der Wert 141 wird zum Wert 688,47 umgerechnet

$(\frac{141}{1024} \cdot 5000 = 688{,}47)$

5.6.4. analogWrite – PWM Ansteuerung

Ähnlich wie die Funktion analogRead() analoge Werte einliest, kann durch die Funktion analogWrite() ein analoger Wert ausgegeben werden. Dazu können wir die digitalen Pins verwenden, die PWM-fähig sind. Das sind beim Arduino Uno die Pins 3,5,6,9,10 und 11.

Exkurs PWM

Falls du aufgepasst hast, ist dir vielleicht aufgefallen, dass die analogWrite Funktion digitale Pins zur Ausgabe benutzt.

Wie ist das möglich, dass ein digitaler Pin, der nur 0 V oder 5 V schalten kann, plötzlich auch Zwischenwerte wie 1 V, 3 V oder 4,36 V ausgibt?

Die Lösung wurde bereits angedeutet und heißt Pulse Width Modulation, kurz PWM. Die deutsche Übersetzung ist nicht einheitlich; Pulsdauermodulation, Pulslängenmodulation, Pulsweitenmodulation oder auch Pulsbreitenmodulation wird dabei verwendet, alle Begriffe meinen jedoch dieselbe Technik.

Die Pulsmodulation beschreibt die Simulation einer bestimmen Spannung (unter 5 V) durch schnelles Schalten einer höheren Spannung (5 V) gefolgt von spannungslosen Pausen. Dabei schaltet der Arduino den digitalen Ausgang bis zu

1000-mal pro Sekunde an und wieder aus. Je höher die ausgegebene Spannung sein soll, desto länger ist dabei die Anschaltzeit, in der die 5 V anliegen.

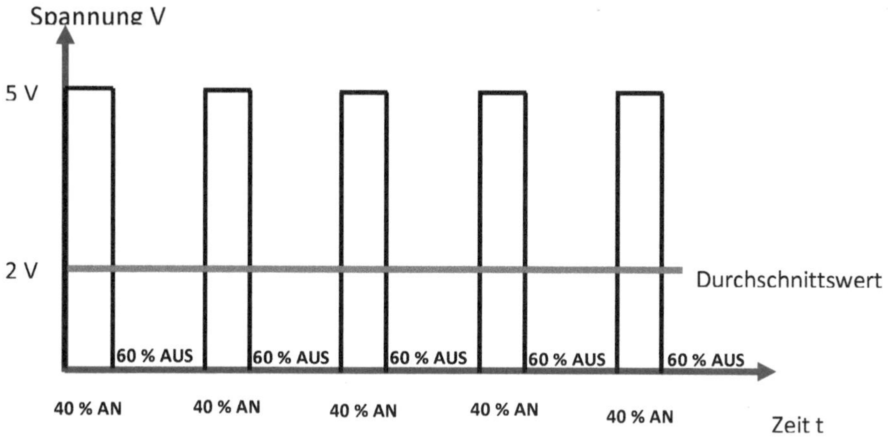

Abbildung 24 PWM-Signal

Soll etwa eine LED bei 2 V betrieben werden, liegt lediglich zu 40 % der Zeit 5 V an ($\frac{2V}{5V} \cdot 100\%$)*. Die anderen 60 % der Zeit liegen 0 V an. Im Mittel ergeben sich dadurch 2 V. Da das Ein- und Ausschalten der LED 1000-mal pro Sekunde geschieht, nimmt unser Auge kein Flackern wahr, sondern eine niedrigere Helligkeit. Dasselbe Prinzip funktioniert beispielsweise auch für die Geschwindigkeitssteuerung eines Gleichstrommotors, beispielsweise eines PC-Lüfters.

**Diese Berechnung ist vereinfacht, um den mittleren Spannungswert zu berechnen. Um die gleiche Helligkeit zu erlangen, müsste der Effektivwert der Spannung berechnet werden. Für unser Auge ist das jedoch vernachlässigbar.*

Als Anwender bekommen wir von der Pulsbreitenmodulation faktisch nichts mit. Die Spannung am Ausgang ist praktisch konstant 2 V, außer wir messen mit einem sehr schnellen Messgerät, beispielsweise einem Oszilloskop. Die Funktion analogWrite() hat ähnliche Eigenschaften wie analogRead(), jedoch gibt sie keinen Wert zurück, schließlich wird nichts eingelesen. Auch hier wird zunächst die Nummer des entsprechenden PWM-Pins an die Funktion übergeben. Weiterhin muss noch ein Wert zwischen 0 und 1023 übergeben werden. Dieser entspricht der Spannung.

Wollen wir eine analoge Spannung von 3 V am digitalen PWM-Pin 9 ausgeben, müssen wir 3 V zunächst in die entsprechende Integerzahl umrechnen. $value = \frac{3V}{5V} \cdot 1023 \approx 614$

Der Befehl wäre demnach

```
analogWrite(9,614);
```

Die Bezeichnungen der Pins sind dem Kapitel 3.3.1 Pinout zu entnehmen.

5.6.5. digitalRead

digitalRead() liest den Wert an einem digitalen Pin ein. Dazu muss der Funktion mitgeteilt werden, dass der Pin als Eingang (Input) benutzt wird.

Als Rückgabewert erhalten wir entweder HIGH, bzw. eine Eins, wenn 5 V anliegen, oder LOW bzw. Null, wenn keine Spannung anliegt. Wollen wir wissen, ob am Pin 9 (digitaler Pin) HIGH oder LOW anliegt, schreiben wir.

```
int value;

pinMode(9,INPUT);

value = digitalRead(9);
```

5.6.6. digitalWrite

Auch bei der Funktion digitalWrite() muss der Pin zunächst als Ausgang (OUTPUT) deklariert werden. Anschließend kann der Funktion der Pin mitgeteilt werden. Außerdem muss die Funktion wissen, ob der Ausgang HIGH oder LOW annehmen soll.

```
pinMode(9,OUTPUT);

digitalWrite(9,LOW);
```

5.6.7. Serial.print

Die Funktion Serial.print() ermöglicht es uns, über den PC mit dem Arduino zu kommunizieren, bzw. die Kommunikation mitlesen zu können.

Dazu übergeben wir der Funktion einen Wert, der eine Zahl, ein Buchstabe, ein Wort oder Ähnliches sein kann. Die Funktion schickt den Inhalt anschließend an die serielle Schnittstelle (USB).

Haben wir ein USB-Kabel an den Computer angeschlossen, können wir in der Arduino-IDE die Kommunikation mitlesen. Dazu öffnen wir unter Werkzeuge > serieller Monitor ein Dialogfenster. Hier können wir sehen, was auf der seriellen

Schnittstelle passiert. Beispielsweise, wenn der Arduino mit einem anderen Gerät kommuniziert.

Um die serielle Schnittstelle nutzen zu können, muss diese erst geöffnet werden. Das passiert im setup() Teil mit der Funktion Serial.begin(9600).

Die 9600 gibt dabei die Baudrate an, mit der Arduino und PC kommunizieren.

Die Funktion Serial.print() ist weiterhin sehr nützlich, um Wörter oder Daten im Programm darstellen zu können. In Verbindung mit der Serial.print() Funktion kann man Daten ausgeben und z. B. kontrollieren, ob die richtigen Werte verwendet werden.

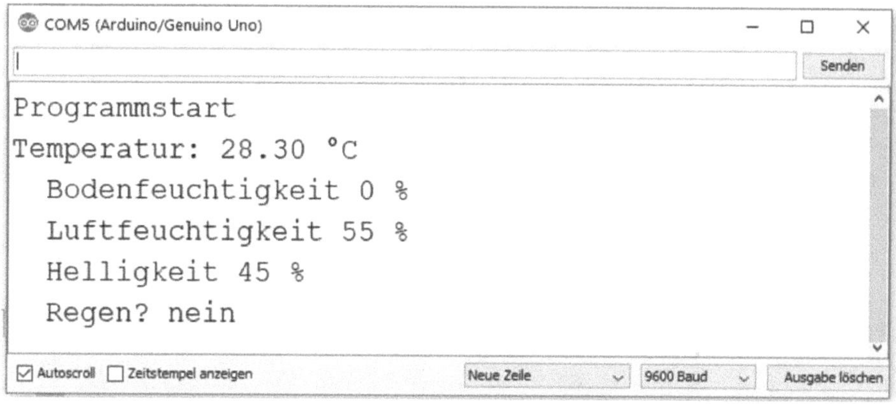

Abbildung 25 Serielle Konsole

Oftmals wird auch die Funktion Serial.println() verwendet. Diese Funktion fügt am Ende seiner jeweiligen Ausführung im Ausgabefenster (des seriellen Monitors) einen Zeilenvorschub hinzu, das vor allem der Übersichtlichkeit dient.

Eine Übersicht über die genannten Funktionen und viele weitere findet man auch auf der offiziellen Arduino Webseite unter

https://www.arduino.cc/reference/de/

Dort sind noch einmal alle wichtigen Funktionen, Rechenoperationen etc. erklärt.

6. Die ersten Projekte

Wir haben zahlreiche theoretische Grundlagen erarbeitet. Wir sind bereit, das erste Projekt von Grund auf aufzubauen und zu verstehen. Auch wenn sicherlich noch nicht alles verinnerlicht wurde, wollen wir das Wissen in die Tat umsetzen. Dabei ist es nicht schlimm, wenn etwas nicht gleich funktioniert – frei nach dem Motto „learning by doing".

6.1. Beispielprogramm Blink

Als erstes Projekt verwenden wir eins der vielen Arduino-Beispiel-Programme. Diese eignen sich hervorragend; um innerhalb weniger Minuten die ersten Erfolge mit dem Arduino verzeichnen zu können.
Die Beispiele werden automatisch, mit der Arduino-IDE, heruntergeladen.
Als erstes, einfaches Beispiel verwenden wir den Programmcode „Blink".
Ziel des Programms ist es, eine LED periodisch an- und auszuschalten. Jedoch keine externe LED, sondern die LED, die fest auf dem Arduino verbaut ist.

Abbildung 266 BUILT-IN LED auf dem Arduino Uno

Um den Code zu öffnen, klicken wir in der IDE auf
Datei -> Beispiele ->01.Basic ->Blink

Anschließend öffnet sich der Quellcode in einem neuen Fenster.

Im Folgenden gehen wir den Code, Zeile für Zeile, durch, um zu verstehen, wie der Code funktioniert. Da der Code in englischer Sprache verfasst wurde, werden die wichtigsten Punkte übersetzt.

6.1.1. Der Programmcode

Zunächst wird allgemein beschrieben, was die Aufgabe des Codes ist.

```
/*
 Blink
 Schaltet eine LED eine Sekunde lang ein und dann wieder eine Sekunde lang aus.
 ...
*/
```

Anschließend wird erklärt, dass sowohl die On-board LED als auch externe LEDs, mit diesem Programmcode, angesteuert werden können. Danach wird das Erstellungsjahr und die Autoren genannt.
Für das Beispiel verwenden wir einen Arduino Uno. Ein Arduino Nano, Pro Mini, MEGA2560 funktioniert genauso.

Für die Ansteuerung der Built-IN-LED wird keine weitere Hardware benötigt. Lediglich der Arduino und ein USB-Kabel, um den Arduino an den PC anzuschließen.

Nach der allgemeinen Programmbeschreibung setzt der Programmcode die interne LED als Ausgang fest. Die Festlegung als Ein- oder Ausgänge findet im setup() statt.

```
void setup() {
 // legt den Pin LED_BUILTIN als output fest.
 pinMode(LED_BUILTIN, OUTPUT);
}
```

Bei der Funktion pinMode() wird eigentlich eine Pinnummer benötigt. Jedoch ist die Bezeichnung *LED_BUILTIN* standardmäßig im Arduino festgelegt und wird dem Pin, der für die eingebaute LED zuständig ist, zugeordnet. Beim Arduino Uno ist das der Pin 13. Der Befehl

```
pinMode(13, OUTPUT);
```

würde demnach das Gleiche bewirken.

Bei einem anderen Arduino Modell besitzt die eingebaute LED eine andere Pinnummer. Dadurch, dass der Code *LED_BUILTIN,* anstatt einem festen Pinnummer, verwendet, kann der Code für viele Arduino Modelle verwendet werden, ohne dass er angepasst werden muss.

Als Nächstes wird die der loop() Schleife die LED eingeschaltet, eine Sekunde gewartet und wieder ausgeschaltet. Für das Einschalten wird der Pin auf HIGH gesetzt, für das Ausschalten auf LOW.
Anschließend wird wieder eine Sekunde gewartet.

```
// the loop function runs over and over again forever

void loop() {

  digitalWrite(LED_BUILTIN, HIGH);  // LED an

  delay(1000);                      // Eine Sekunde warten

  digitalWrite(LED_BUILTIN, LOW);   // LED aus

  delay(1000);                      // Eine Sekunde warten

}
```

Da sich die loop()-Schleife unendlich lange wiederholt, wird die LED blinken, sobald der Arduino in Betrieb ist.

Das war es bereits mit dem Code zu diesem sehr einfachen Beispiel.
Als Nächstes müssen wir den Programmcode auf den Arduino laden.

6.1.2. Hochladen des Codes

Nachdem das Programm geschrieben wurde, geht es nun an das Hochladen des Codes in den Speicher des Arduinos. Dazu wird der Arduino mit Hilfe des USB-Kabels an den Rechner oder Laptop angeschlossen. Der Arduino wird erkannt und ggf. werden fehlende Treiber automatisch installiert. Bei einigen Nachbauten aus Fernost kann es vorkommen, dass spezielle Treiber installiert werden müssen.

Nachdem der Arduino angesteckt wurde, wählen wir unter

Werkzeuge -> Board -> „Arduino/Genuino Uno“ aus.

Außerdem sollte unter

Werkzeuge -> Port -> „COM3 (Arduino/Genuino Uno)“

Die Nummer des COM-Ports kann dabei abweichen und hängt z. B. davon ab, wie viele weitere Geräte am Rechner angeschlossen sind.

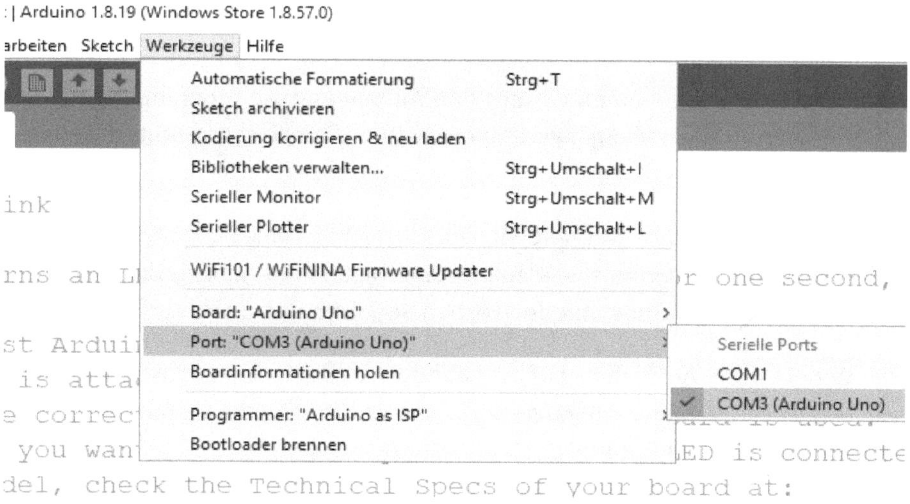

Abbildung 27 Auswahl des COM-Ports

Nachdem das richtige Board und der korrekte Port ausgewählt wurden, kann das Programm über den Pfeil hochgeladen werden.

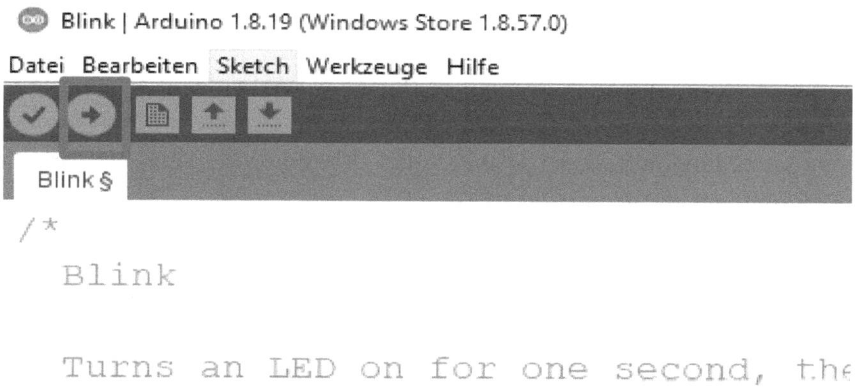

Abbildung 28 Hochladen des Programmcodes

Schlussendlich erhalten wir eine Zusammenfassung, wie viel Speicher für das Programm benötigt wird. In unserem kleinen Beispiel lediglich 2 % des verfügbaren Speichers. Nachdem das Programm auf den Arduino geladen wurde, leuchtet die LED im Abstand von einer Sekunde und erlischt anschließend wieder.

Es gibt jede Menge weitere Beispiele, zu vielen Themenfeldern. Wenn man ein eigenes Projekt startet, ist es oftmals ratsam zu schauen, ob es bereits ein Beispiel dazu gibt. Oftmals muss man nur einige Zeilen abändern, anstatt den Code von Grund an neu zu schreiben.

6.2. LEDs ansteuern – Ampelschaltung

Als nächstes Projekt nehmen wir uns den Aufbau und die Programmierung der Miniaturversion einer Fußgängerampelschaltung, einer sogenannten Bedarfsampel, vor.

Der Aufbau besteht aus zwei Ampeln. Zunächst gibt es eine Fußgängerampel mit den Farben Rot und Grün, sowie einen Tastschalter zum Anfordern einer Grünphase und eine Autoampel mit den Farben Rot, Gelb und Grün.

Die Ampel für die Autofahrer soll wie auf der Straße auch standardmäßig Grün sein. Wird der Taster der Fußgängerampel gedrückt, schaltet die Ampel auf Gelb und anschließend auf Rot um.

Danach springt die Fußgängerampel auf Grün und bleibt einige Sekunden in diesem Zustand. Anschließend werden die Lichtsignale umgekehrt geschaltet: Die Fußgängerampel schaltet auf Rot, die Autoampel auf Rot-Gelb und anschließend auf Grün.

6.2.1. Benötigte Hardware

Um unseren ersten Aufbau zu planen, benötigen wir neben dem Arduino noch einige Bauteile. Als Versorgungsspannung für den Arduino reicht für dieses Projekt die Versorgung mittels des USB-Kabels vollkommen aus. Eine Powerbank oder Blockbatterie wäre ebenfalls denkbar.

Als Nächstes benötigen wir selbstverständlich einen Arduino. Wie bereits erwähnt verwenden wir wieder einen Arduino Uno, da dieser ausreichend Anschlüsse besitzt, leicht mit Strom versorgt werden kann und vorbereitete Stiftleisten besitzt. Außerdem benötigen wir die verschiedenen LEDs sowie einige Kabel. Für die LEDs werden 5 mm LEDs mit einer Durchlassspannung von 3 bis 3,4

V bei einer Stromstärke von 10 mA verwendet. Für die LEDs benötigen wir einen Vorwiderstand.

Wie groß muss der Vorwiderstand der LEDs sein?

Lösung: Die Vorwiderstände der LEDs können wir leicht berechnen. Es sollen in unserem Beispiel maximal 2 V (5 V Versorgungsspannung minus 3 V Durchlass-spannung) abfallen und circa 10 mA durch die LED bzw. durch den Widerstand fließen. Das ergibt einen Widerstandswert von

$$\frac{2V}{10\,mA} = 200\Omega$$

Mit etwas Sicherheitsabstand verwenden wir 220 Ω. Damit haben wir noch genügend Puffer und in der Helligkeit macht sich das kaum bemerkbar.

! Je nach verwendeten LEDs, muss der Vorwiderstand selbst ausgerechnet werden.

Die folgende Tabelle zeigt die verwendete Hardware für dieses Projekt.

Zweck	**Bauteil**
Mikrocontroller	Arduino Uno REV 3
Stromversorgung	USB-Kabel
2 x rote Leuchte	5 mm LED-Rot
2 x grüne Leuchte	5 mm LED-Grün
1 x gelbe Leuchte	5 mm LED-Gelb
Taster	4 Pin-Taster
LED-Vorwiderstand	220 Ω
Pull-Down-Widerstand	10 kΩ

Statt der einzelnen LEDs gibt es auch fertige Ampel-Module. Dabei handelt es sich um die gleichen LEDs, die lediglich auf eine Platine gelötet und deren Anschlüsse ausgeführt sind.

Zum Betätigen der Ampelanlage verwenden wir einen Taster mit insgesamt vier Pins. Dieser Taster ist günstig und wird in vielen Starter-Kits mitgeliefert.

Wenn der Taster gedrückt wird, verbindet er diagonal gegenüberliegende Kontakte. Deshalb wird einer dieser Kontakte an 5 V angeschlossen und der gegenüberliegende Kontakt an den digitalen Eingangs-Pin 2 des Arduinos. Wird der Taster gedrückt, liegt am Pin-Nummer Zwei 5 V an, entsprechend ein logisches HIGH.

Außerdem benötigen wir noch einen sogenannten Pulldown-Widerstand.

Exkurs Pullup- und Pulldown-Widerstände

Beim Verwenden von digitalen Signalen kommt häufig der Begriff Pullup- und Pulldown-Widerstand vor. Dabei handelt es sich um einen hochohmigen Widerstand (meistens 4,7 kΩ oder 10 kΩ).

Zweck eines solchen Widerstands ist es, dass am digitalen Pin immer ein definiertes Signal anliegt. In unserem Beispiel bedeutet das, wenn der Taster nicht gedrückt ist, wollen wir, dass 0 V am digitalen Pin anliegen. Jedoch liegt keine Verbindung zu GND vor. Der digitale Pin ist nicht automatisch auf 0 V, sondern „hängt in der Luft".

Deshalb schalten wir einen Widerstand zwischen GND und den Pin. Da in einen Eingangspin keinen Strom hineinfließt, fällt am Widerstand keine Spannung ab. Dadurch liegen am Pin auch 0 V an. Er wird als logische 0 eingelesen. Wird der Taster hingegen geschlossen, verhindert der Widerstand eine Verbindung von 5 V zu 0 V.

Bei einem Pullup-Widerstand liegt der Widerstand zwischen dem digitalen Pin und der Versorgungsspannung. Bei einem Pulldown-Widerstand zwischen den digitalen Pin und Masse (GND).

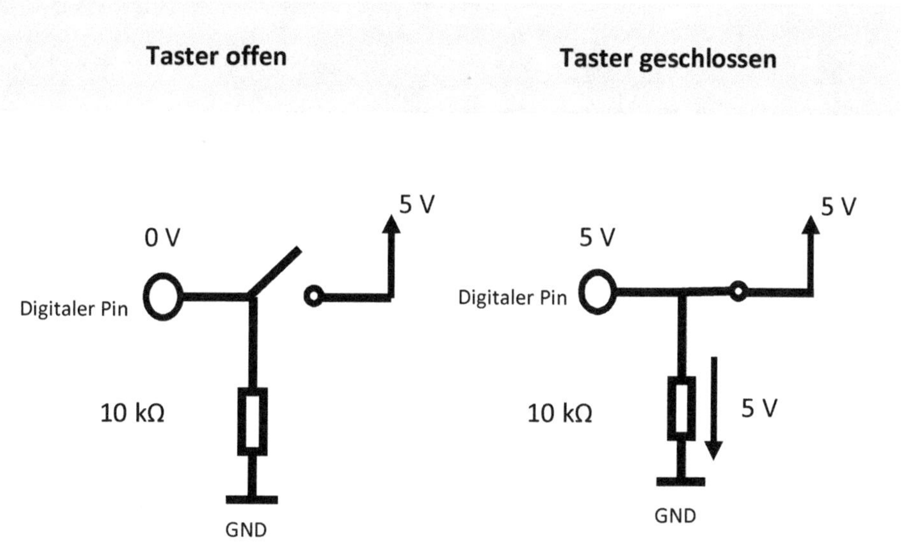

6.2.2. Schaltplan

Als Nächstes geht es an den Hardwareaufbau des Projekts. Die Abbildung zeigt, wie man die verschiedenen Komponenten verschalten muss.

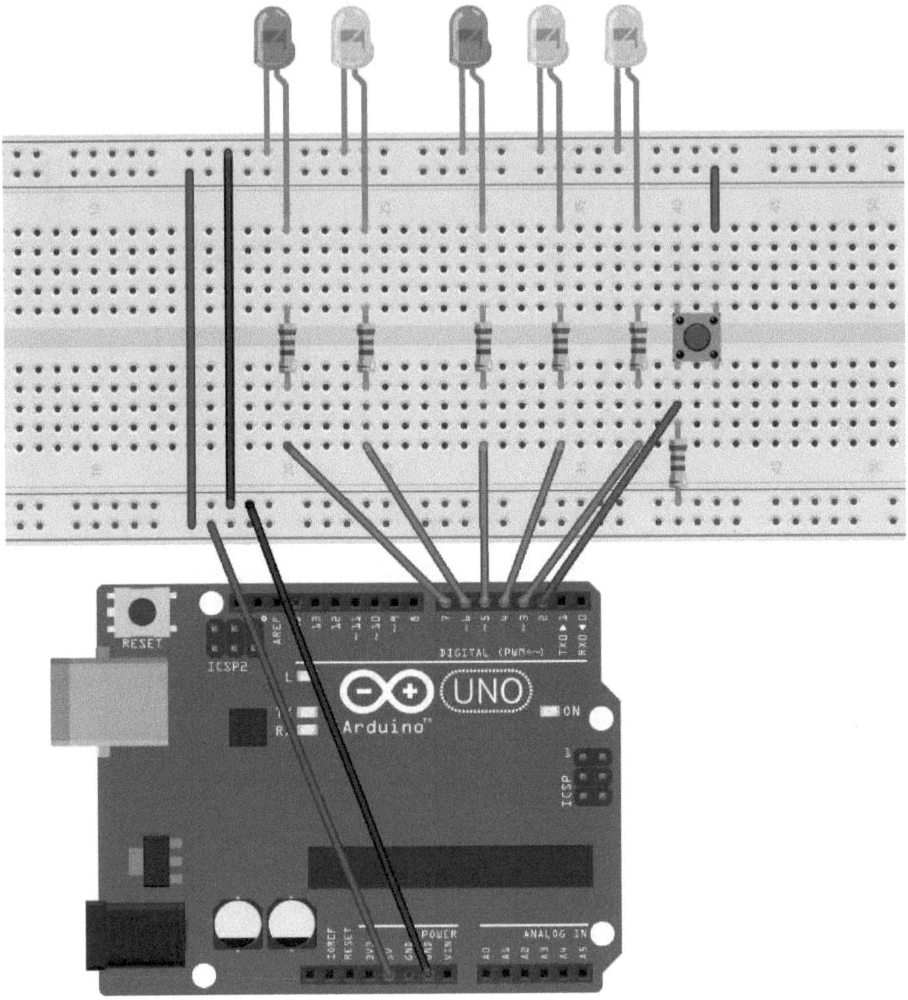

Abbildung 29 Schaltplan

Wir verwenden als Spannungsversorgung der LEDs den 5 V Ausgang des Arduinos und nicht den Vin-Pin. An diesem liegen z. B. 9 V Batteriespannung an. Falls wir diesen anschließen, müssen wir einen größeren Vorwiderstand für die LEDs berechnen, ansonsten würden die LEDs durchbrennen.

Nachdem wir die Hardware ausgewählt haben und den Stromlaufplan aufgestellt haben, bauen wir die Schaltung auf einem Breadboard auf.

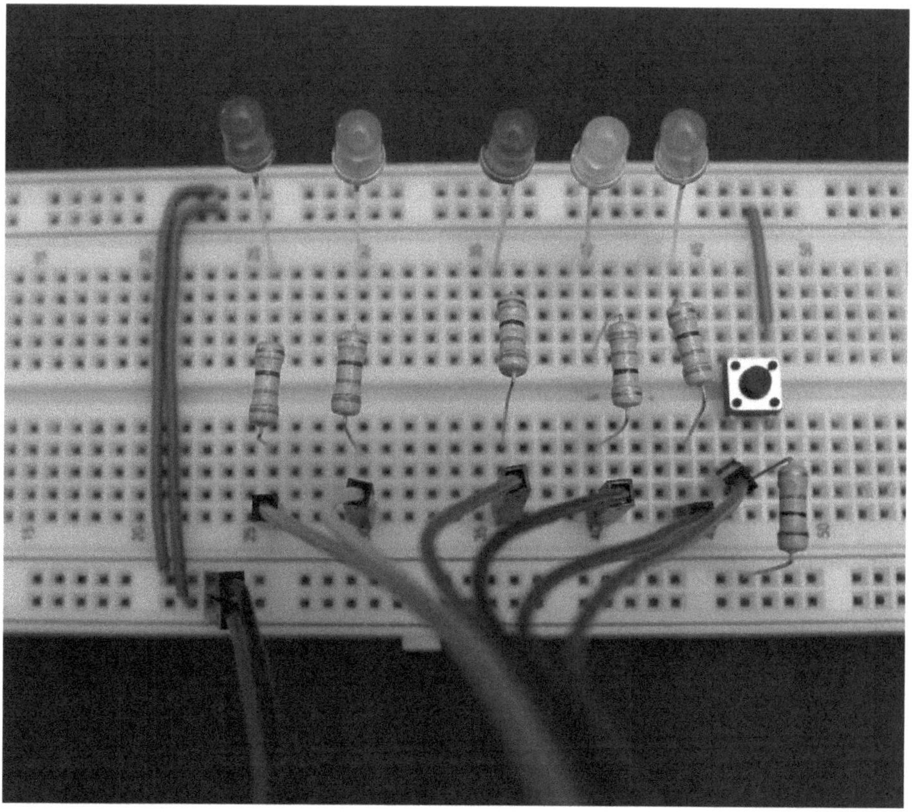

Abbildung 30 Aufbau auf dem Steckbrett

Die Kabel führen direkt an die Ein- und Ausgänge des Arduinos.

6.2.3. Programmierung

Als Letztes kümmern wir uns um die Programmierung. Dafür schließen wir den Arduino an den PC an und starten die Arduino-IDE. Der Code für die Fußgängerampel ist relativ simpel. Der Kopf mit Autor und Datum wurde zur Vereinfachung weggelassen.

```
//////Fußgängerampel Schaltung V1.0///////

int leerzeit = 1000 ;               //Zeit zwischen den Umschaltvorgängen

int gruenphase = 3000;                        // Grünphase Fußgänger

const int PIN_rotF = 7;                       // Pin der roten Fußgänger LED

const int PIN_gruenF = 6;                     // Pin der grünen Fußgänger LED

const int PIN_rotA = 5;                       // Pin der roten Auto LED
```

```
const int PIN_gelbA = 4;

const int PIN_gruenA = 3;

const int PIN_schalter = 2;
```

Zunächst werden Konstanten für die Pins angelegt. Das ist nicht zwingend notwendig. Wir können auch später im Programm immer direkt den Pin schreiben. Wir sehen aber schnell, dass das einmalige Definieren von Konstanten Sinn ergibt, wenn man insbesondere Änderungen vornimmt, muss man nur einen Wert ändern und nicht jeden Wert der Variablen bzw. Konstanten im gesamten Programm

Es gibt eine Leerzeit. Dabei handelt es sich um die Zeit, die zwischen einer Farbumschaltung vergeht. Weiterhin gibt es eine Grünphase, also die Zeit, in der die Fußgängerampel grün ist. Die Leerzeit beträgt im Beispiel eine Sekunde, und die Grünphase drei Sekunden.

```
void setup()

{

 pinMode( PIN_rotF, OUTPUT);

 pinMode( PIN_gruenF , OUTPUT);

 pinMode( PIN_rotA , OUTPUT);

 pinMode( PIN_gelbA , OUTPUT);

 pinMode( PIN_gruenA , OUTPUT);

 pinMode( PIN_schalter , INPUT);

 //Startzustand Fußgängerampfel Rot - Autoampel Grün

 digitalWrite( PIN_rotF, HIGH );

 digitalWrite( PIN_gruenF, LOW );

 digitalWrite( PIN_rotA, LOW );

 digitalWrite( PIN_gelbA, LOW );

 digitalWrite( PIN_gruenA, HIGH );

}
```

Nachdem die Konstanten festgelegt sind, wird der Setup-Teil ausgeführt; außerdem werden die Startzustände festgelegt. In unserem Beispiel soll die Auto-Ampel auf Grün stehen und die Fußgängerampel auf Rot.

```
void loop() {

 if (digitalRead(PIN_schalter) ) {  // nur wenn Schalter gedrückt ist

  delay(leerzeit);                          // warte eine Sekunde

  digitalWrite( PIN_gruenA, LOW );

  digitalWrite( PIN_gelbA, HIGH );

  delay(leerzeit);

  digitalWrite( PIN_gelbA, LOW );

  digitalWrite( PIN_rotA, HIGH );

  delay(leerzeit);

  digitalWrite( PIN_rotF, LOW);

  digitalWrite( PIN_gruenF, HIGH);

  delay(gruenphase);               // warte drei Sekunden

  digitalWrite( PIN_gruenF, LOW);

  digitalWrite( PIN_rotF, HIGH);

  delay(leerzeit);


  digitalWrite( PIN_gelbA, HIGH );

  delay(leerzeit);

  digitalWrite( PIN_rotA, LOW );

  digitalWrite( PIN_gelbA, LOW );

  digitalWrite( PIN_gruenA, HIGH );

 }

}
```

In der loop-Funktion wird geprüft, ob der Schalter gedrückt ist.

Ist das der Fall, ist die Bedingung if (digitalRead(PIN_schalter)) wahr und das if-Statement in geschweiften Klammern wird ausgeführt.

In diesem Fall wird die Auto-Ampel erst auf Gelb und anschließend nach einer Sekunde auf Rot gestellt und dann die Fußgängerampel auf Grün. Nach der Grünphase schaltet die Fußgängerampel auf Rot und die Autoampel zunächst Rot-Gelb und dann wieder auf Grün. Es empfiehlt sich, die Anweisungen Schritt für Schritt durchzugehen und nachzuvollziehen.

6.2.4. Hochladen des Codes

Nachdem wiederum das richtige Board und der korrekte Port ausgewählt wurden, kann das Programm über den Pfeil hochgeladen werden.

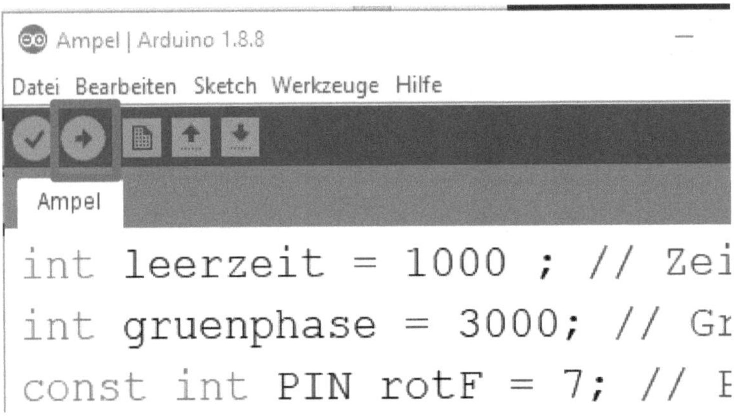

Abbildung 31 Hochladen des Programmcodes

Nachdem das Programm auf den Arduino geladen wurde, leuchten sofort die grüne Autoampel-LED, sowie die rote Fußgängerampel-LED durchgehend. Wird der Taster gedrückt, schaltet die Ampel, wie wir sie zuvor programmiert haben. Falls die Reihenfolge nicht passt, überprüfe ob die Kabel an den richtigen Pins des Arduinos angeschlossen sind.

Das fertige Projekt in der Übersicht

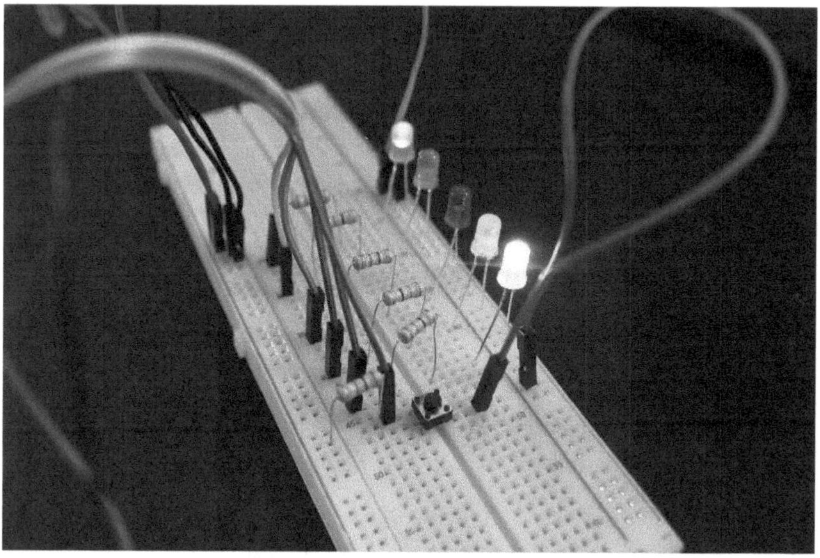

Abbildung 32 Aufbau des fertigen Projekts

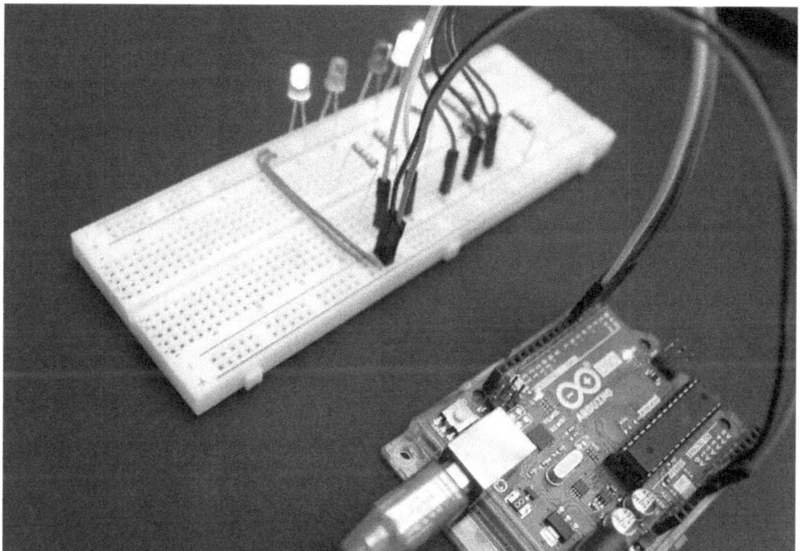

Abbildung 33 Aufbau des fertigen Projekts

6.3. Servomotor via Potenziometer steuern

Nachdem wir das Ansteuern von LEDs beherrschen, geht es in diesem Beispiel um die Ansteuerung von Motoren. Dabei unterscheiden wir verschiedene Klassen von Motoren. Es gibt Motoren, die lediglich eine Versorgungsspannung benötigen, z. B. Gleichstrommotoren, und es gibt Motoren, die eine zusätzliche Hardware zur Ansteuerung benötigen, z. B. Schrittmotoren oder bürstenlose Gleichstrommotoren.

Alle diese Motoren lassen sich über einen Arduino ansteuern und ihre Drehzahl einstellen. In diesem Beispiel verwenden wir einen Motorentyp, der vielfach in Kombination mit Arduino benutzt wird – den Servomotor.

Ein Servomotor kann die Position seiner Welle bestimmen und lässt sich so sehr genau einstellen. Deshalb sind Servomotoren beispielsweise für Robotik-Projekte ideal geeignet.

Im Gegensatz zu Schrittmotoren, die sich ebenfalls einstellen lassen, sind Servomotoren häufig günstiger und benötigen keine zusätzliche Hardware. Angesteuert wird der Servomotor über den Arduino, die Winkelposition seiner Welle wird über ein Dreh-Potenziometer bestimmt.

6.3.1. Benötigte Hardware

Wie immer benötigen wir eine Spannungsversorgung. In unserem Projekt werden wir lediglich einen Servomotor ansteuern, daher genügt die Stromversorgung über USB und den internen 5 V-Spannungswandler des Arduinos. Wenn in einem Projekt mehrere Servomotoren verwendet werden, muss unbedingt eine externe Spannungsversorgung angeschlossen werden.

Zweck	**Bauteil**
Mikrocontroller	Arduino Uno REV 3
Stromversorgung	USB-Kabel
Aktor	MG90S Servomotor
Positionsvorgabe	B100k Potenziometer

Servomotor

Ein Servomotor ist ein Gleichstrommotor, der über einen eingebauten Sensor verfügt. Damit wird die Winkelposition seiner Motorwelle bestimmt. Außerdem besitzt der Servomotor ein Getriebe, um die Kraft beziehungsweise das Drehmoment des Motors zu erhöhen und die Drehgeschwindigkeit zu reduzieren.

Für unser Projekt verwenden wir einen MG90S-Motor. Dieser ist beinahe baugleich mit dem etwas günstigeren SG90-Motor.

Abbildung 34 MG90S Servomotor

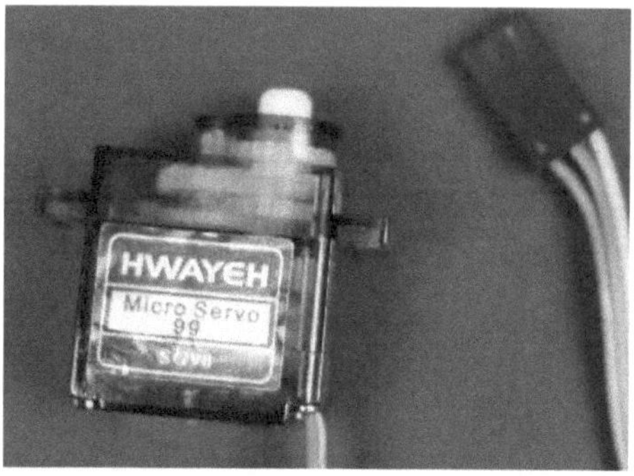

Abbildung 35 SG90 Servomotor

Die Abkürzung MG bei der Servo-Bezeichnung steht dabei für ‚metal geared'. Das bedeutet, dass das Getriebe im Servomotor aus Metallzahnrädern und nicht aus verschleißanfälligen Kunststoffzahnrädern besteht, das eine deutlich längere Betriebsdauer ermöglicht.

Die Position der Sensoren kann von 0° bis 180° eingestellt werden. Angesteuert wird der Motor über ein pulsweitenmoduliertes Signal (PWM-Signal, siehe 5.3.4 analogWrite – PWM Ansteuerung)

Weiterhin werden die Motoren mit 4,8 V - 6 V versorgt. Die Stromaufnahme beläuft sich bei 4,8 V auf 100 mA. Jedoch kann ein Servomotor kurzzeitig auch deutlich mehr Strom aufnehmen.

Der Servomotor besitzt zwei Pins für die Versorgungsspannung (Vcc und GND) sowie einen Signal-Pin, der direkt an einen digitalen Ausgang des Arduinos angeschlossen wird.

6.3.2. Programmierung

Theoretisch könnten wir selbst berechnen, welches PWM-Signal zu welcher Position des Servos gehört. Anschließend müssten wir ein PWM-Signal erzeugen und an den Servomotor ausgeben.

Wie häufig, gibt es dafür bereits fertige Bibliotheken, die genau dies tun.

Deshalb verwenden wir die Bibliothek „Servo.h".

```
#include <Servo.h>
```

Nachdem wir die Bibliothek inkludiert haben, müssen wir unserem Motor einen Namen geben, bzw. ihn im Programm als Objekt deklarieren.

Das geschieht noch vor dem Setup-Teil mit

```
Servo servo1; // Objekt erstellen
```

Im Setup-Bereich wird unserem Servo anschließend ein Ausgangs-Pin zugewiesen. In unserem Beispiel der digitale Ausgangs-Pin 2. Dieser muss nicht zusätzlich als Ausgangs-Pin deklariert werden.

```
servo1.attach(2); // digitaler Pin 2 - PWM Signal für Servo
```

Schlussendlich können wir mit der Funktion servo1.write(Position) die Position des Servomotors vorgeben. Dabei muss die Position zwischen 0° und 180° liegen. servo1.write(80) stellt den Servo beispielsweise auf 80° ein.

Potenziometer

Ein Potenziometer, gern kurz Poti genannt, ist ein drehbarer Widerstand. Intern besteht er aus zwei in Serie geschalteten, einstellbaren Widerständen. Durch einen Schleifkontakt wird entweder der obere oder der untere Widerstand größer, entsprechend der andere Widerstand kleiner.

Abbildung 36 Potentiometer

Der Poti besitzt drei Anschlussbeine. Zwischen den äußeren Beinen ist dauerhaft ein Widerstand von 100 kΩ. Der Widerstand in der Mitte zu den äußeren Kontakten hängt von der Position des Drehrades ab.

Schließen wir an die äußeren Kontakte unsere Versorgungsspannung von 5 V an, dann erhalten wir einen einstellbaren Spannungsteiler.

Wir können also durch Drehen des Potenziometers das Verhältnis der beiden Widerstandswerte und somit die Spannung am mittleren Pin beeinflussen.

Untere Stellung	**Mittlere Stellung**	**Obere Stellung**
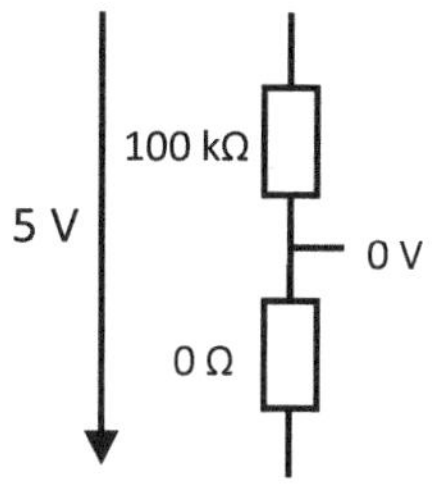	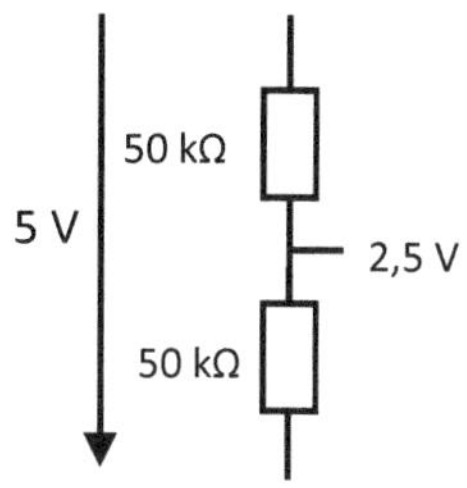	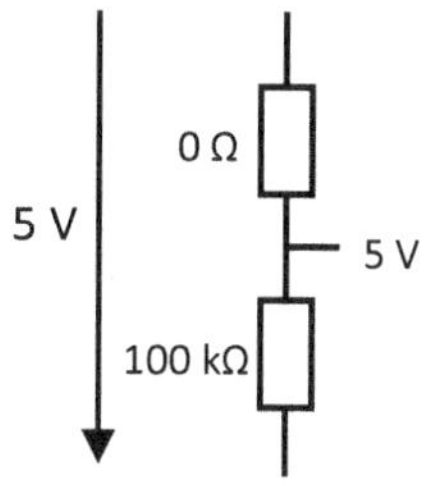

6.3.3. Schaltplan

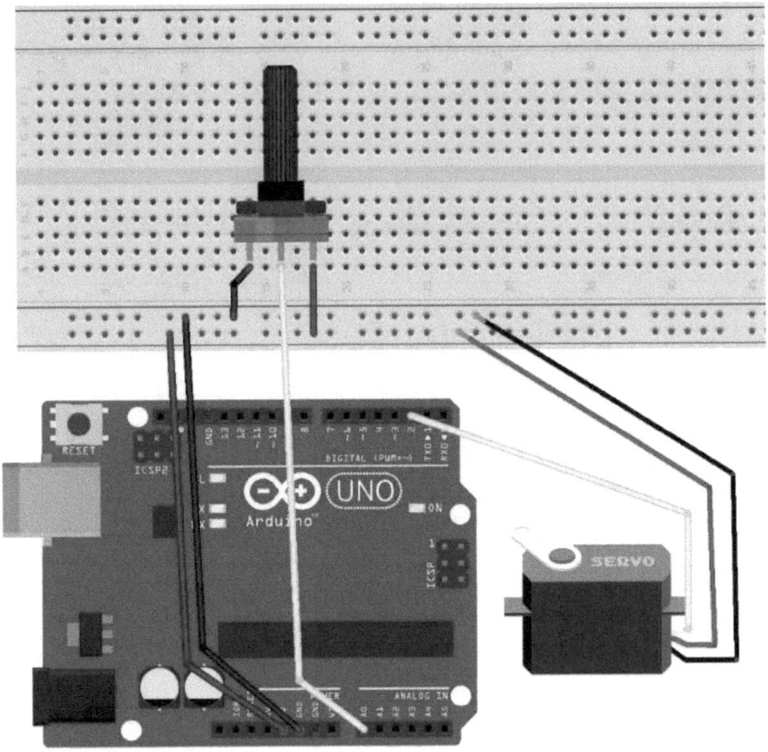

Abbildung 37 Schaltplan

Der Schaltplan ist sehr simpel gehalten. Der Servomotor sowie der Poti werden an die Spannungsversorgung des Arduinos angeschlossen. Der Signal-Pin des Servos wird an den digitalen Pin 2 angeschlossen und der Mittelpunkt des Potis an den analogen Pin A0.

6.3.4. Programmierung

Die Programmierung ist ebenfalls sehr einfach gehalten.

Zunächst wird die Bibliothek eingebunden und der Servo initialisiert. Anschließend wird eine Variable definiert, in der die Spannung des Potis eingespeichert wird, sowie eine, die für die Ausgabe der Gradstellung des Servos vorgesehen ist.

Im obligatorischen Setup-Teil wird dem Servo-Objekt der Ausgabepin 2 zugewiesen. Am Pin 2 wird der PWM-Pin des Servos angeschlossen.

```
#include <Servo.h>

Servo servo1;                    // Objekt erstellen

int pot;                 // Variable, in die die Spannung eingelesen wird

int serv;                // Variable für Ausgabe der Gradzahl

void setup() {

 servo1.attach(2);       // digitaler Pin 2 - PWM Signal für Servo

}
```

In der loop-Funktion wird der Spannungswert eingelesen und in eine Gradzahl von 0 bis 180 umskaliert. Anschließend wird die Position ausgegeben.

```
void loop() {

 pot = analogRead(A0);              // liest den analogen Wert (0 ... 1023)

 serv = map(pot, 0, 1023, 0, 180);   // skaliert auf 180°

 servo1.write(serv);

 delay(100);

}
```

Ein delay von 100ms am Ende der loop gibt dem Servo genug Zeit, um die Position einzunehmen, bevor eine neue vorgegeben wird.

Abbildung 38 Aufbau des fertigen Projekts

Nachdem der Code auf den Arduino hochgeladen wurde, kann man am Potenziometer drehen. Der Servomotor reagiert darauf, indem er sich ebenfalls dreht.

Abbildung 39 Aufbau des fertigen Projekts

Es sieht aus, als wäre das Potenziometer und der Servomotor direkt miteinander verbunden, dabei wird die Ansteuerung elektronisch über die Datenverarbeitung im Arduino realisiert.

6.4. Sensoren ansteuern – Wetterstation

Nachdem wir unsere ersten kleinen Projekte aufgebaut und programmiert haben, kommen wir nun zu einem umfangreicheren Projekt.

Die Arduino-Plattform bietet zahlreiche Sensoren, von denen wir einige beispielhaft kennenlernen wollen. Dazu verbinden wir im Übungsaufbau dieses Kapitels das Ansteuern verschiedener Sensoren sowie eines Displays.

In diesem Beispiel geht es um den Aufbau und die Programmierung einer Wetterstation.

Ziel der Wetterstation ist es, die Temperatur, Luftfeuchtigkeit, Helligkeit und Bodenfeuchtigkeit zu messen und auf einem Display darzustellen. Dabei lernen wir den Umgang mit verschiedenen Sensoren kennen.

6.4.1. Benötigte Hardware

Die Wetterstation muss zunächst mit elektrischer Energie versorgt werden. Dafür benötigen wir eine Versorgungsspannung, beispielsweise ein 9 V-Netzteil. Eine Powerbank oder Blockbatterie wären auch denkbar. Für dieses Beispiel nutzen wir eine 9 V-Blockbatterie, damit die Station auch kabellos betrieben werden kann.

Als Erstes benötigen wir selbstverständlich einen Arduino. Wie bereits erwähnt verwenden wir einen Arduino Uno, da dieser ausreichend Anschlüsse besitzt, leicht mit Strom versorgt werden kann und Stiftleisten besitzt. Wenn man das Projekt verkleinern möchte, empfiehlt sich stattdessen ein Arduino-Nano.

Außerdem benötigen wir die verschiedenen Sensoren sowie einige Kabel und unser Steckbrett. Zu guter Letzt stellen wir die Messdaten auf einem OLED-Display dar.

Die folgende Tabelle zeigt die verwendete Hardware:

Zweck	**Bauteil**
Mikrocontroller	Arduino Uno REV 3
Stromversorgung	USB-Kabel
Temperatur und Luftfeuchtigkeit	DHT22
Bodenfeuchtigkeit	Feuchte-Widerstand
Helligkeit	Foto-Widerstand
Regenerkennung	Regensensor
Display	128×64 OLED-Display
Pulldown-Widerstand	10 kΩ

Temperatur- und Luftfeuchtigkeitssensor

Es gibt viele verschiedene Möglichkeiten die Temperatur zu bestimmen. Eine sehr kostengünstige Variante ist ein PTC- oder NTC-Widerstand. Ein PTC (positive temperature coefficient), zu Deutsch Kaltleiter, ist ein Widerstand, dessen Widerstandswert mit der Temperatur zunimmt.

Kennen wir die Kennlinie des Widerstands entsprechend der Temperatur, können wir den Widerstandswert messen, um daraus die Temperatur abzuleiten. Vorteil dieser Messmethode ist, dass ein Standard PTC für wenige Cent zu bekommen ist. Nachteil hingegen, dass man sich selbst eine Schaltung zur Messung bauen muss. Schließlich kann der Arduino keine Widerstandswerte, sondern lediglich Spannungswerte einlesen. Wir benötigen also einen weiteren Widerstand, um einen Spannungsteiler aufzubauen. Die am PTC abfallende Spannung ist proportional zum Widerstandswert des PTCs.

Eine einfache, aber auch teurere Methode, die Temperatur zu messen sind fertige, intelligente Module. Sie messen die Temperatur, digitalisieren diese direkt und schicken die Daten über eine Schnittstelle an den Arduino.

Ein Beispiel für solch einen Baustein ist der DHT22. Dabei handelt es sich um einen kombinierten Temperatur- und Feuchtigkeitssensor. Er misst die Lufttemperatur und relative Feuchtigkeit und übermittelt die Werte nach Anfrage über die serielle Schnittstelle. Für unser Vorhaben ist dieser Sensor ideal. Denn mit ihm haben wir sowohl Luftfeuchtigkeit als auch Temperatur in einem Bauteil erfasst.

Der DHT22 ist der „große Bruder" des DHT11. Sie sind weitestgehend identisch, nur die Genauigkeit ist beim DHT22 deutlich besser. Beim DHT22 ist eine Temperaturungenauigkeit von 0,2 °C angegeben. Beim DHT11 sind es ganze 2 °C.

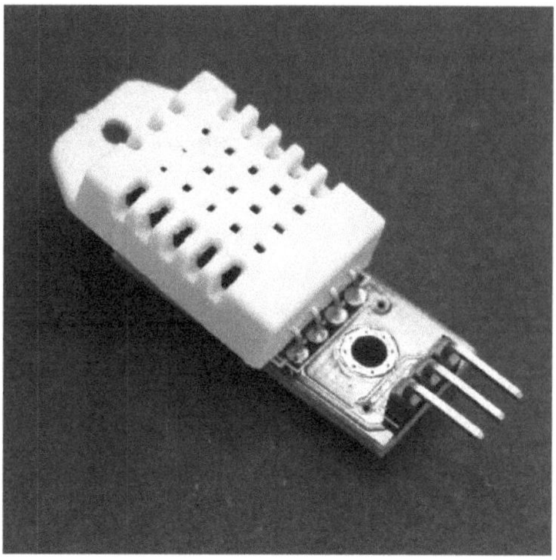

Abbildung 40 DHT22 Sensor

Die Verkabelung ist ebenfalls sehr simpel. Der Sensor besitzt vier Pins.

Alternativ gibt es bereits Platinen, die lediglich die drei Pins, welche benötigt werden, herausführen. Ein Pin bleibt unbenutzt und hat keine Funktion.

Der Sensoraufbau benötigt eine Versorgungsspannung sowie einen GND-Pin. Außerdem ist ein Pin vorhanden, der an einen digitalen Eingangs-Pin des Arduino anzuschließen ist.

Programmierung des Luftfeuchtigkeitssensors

Zur Programmierung laden wir zunächst die DHT-Bibliothek herunter. Wie im Kapitel 5.1.3 erklärt, suchen wir die Bibliothek über Werkzeuge -> Bibliotheken verwalten

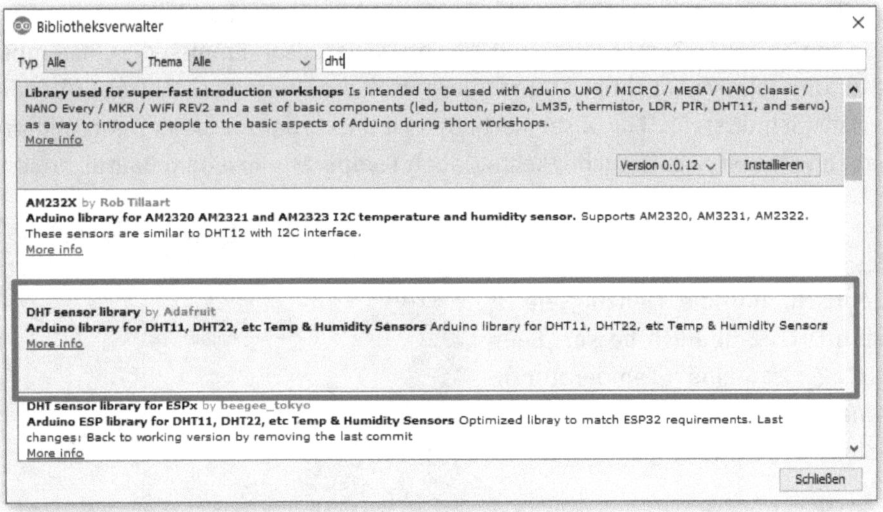

Nachdem die Bibliothek installiert wurde, können wir sie im Programmcode mit

```
#include "DHT.h"
```

einbinden.

Die Bibliothek ist auf den DHT11 und DHT22 zugeschnitten und bietet einfache Funktionen, um die Luftfeuchtigkeit und Temperatur auszulesen.

Davor müssen wir jedoch noch definieren, an welchem digitalen Pin der Sensor hängt, und um welchen Sensor es sich handelt. In unserem Beispiel verwenden wir einen DHT22 an dem digitalen Pin 2 des Arduinos.

```
DHT dht(2, DHT22);                    //DigitalPin 2 und Typ DHT22
```

Mit dem Befehlen

dht.readTemperature() und dht.readHumidity() können wir anschließend ganz einfach die Temperatur und die Luftfeuchtigkeit (eng. Humidity) auslesen. Im Programm umgesetzt sieht das folgendermaßen aus:

```
float temp;              // Temperatur in °C mit Nachkommastelle

int Lfeuchte;            //relative Luftfeuchtigkeit in ganzen %

temp = dht.readTemperature();

Lfeuchte = dht.readHumidity();
```

Bodenfeuchtigkeit

Zur Messung der Bodenfeuchtigkeit verwenden wir einen speziell dafür konzipierten Sensor. Der Sensor trägt den Namen FC-28. Das Messprinzip ist einfach gehalten.

Es handelt sich um zwei Metallplatten, die einfach in den Boden gesteckt werden und je nach Feuchtigkeitswert einen hohen oder niedrigen Widerstand zueinander aufweisen.

Wasser leitet elektrischen Strom, daher wissen wir, dass die Bodenfeuchtigkeit vom Widerstandswert abhängig ist.

Der Bodenfeuchtigkeitssensor ist ein Widerstand, dessen Leitfähigkeit von der Bodenfeuchte bestimmt wird und von ihr abhängig ist.

Um einen Spannungswert zu erhalten, den wir anschließend auswerten können, müssen wir einen Spannungsteiler (2.5.1) aufbauen.

Beispiel eines Spannungsteilers

Wir schalten den Sensor und einen 100 kΩ-Widerstand in Reihe und greifen am Mittelpunkt ab. Wir messen also die Spannung über dem Widerstand

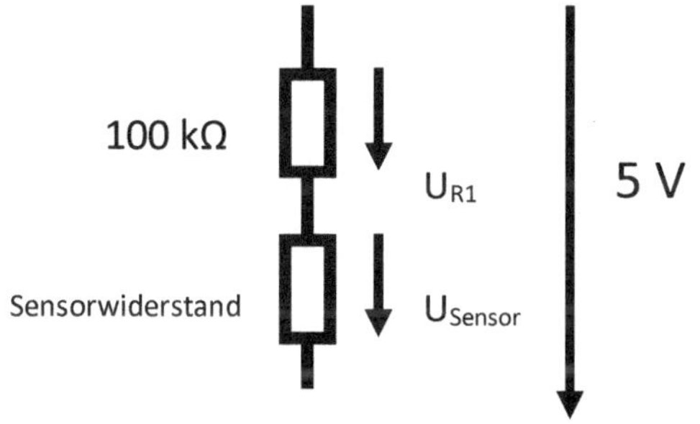

Für die Spannung an einem Spannungsteiler gilt

$$\frac{Spannung\ am\ Widerstand}{Gesamtspannung} = \frac{Widerstandswert}{Gesamtwiderstand}$$

$$Usensor = \frac{Sensorwiderstand}{Sensorwiderstand + 100k\Omega} \cdot 5V$$

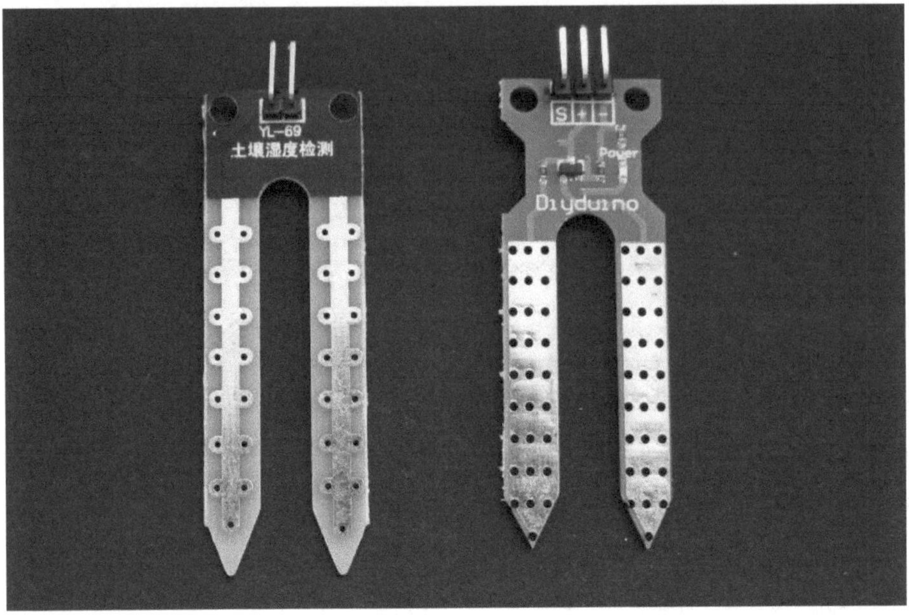

Abbildung 41 Bodenfeuchtigkeitssensor ohne (links) und mit Spannungsteiler (rechts)

Alternativ gibt es den gleichen Sensor mit integrierter Platine, in der bereits ein passender Spannungsteiler verbaut ist (Abbildung rechts). Für Anfänger sind solche „Ready-to-go"-Sensoren empfehlenswert. Der Sensor besitzt einen Vcc-Pin (Versorgungsspannung), einen GND-Pin und einen analogen Ausgangs-Pin.

Vorteil des verwendeten Sensors ist, dass er den Widerstandswert direkt in eine Spannung von 0 V (entspricht 0 % Bodenfeuchtigkeit) bis hin zur Versorgungsspannung von 5 V (entspricht widerstandsfreiem, daher leitfähigem Boden) umwandelt.

Für den Schaltplan wird jedoch der Spannungsteiler verwendet, damit man die Schaltung auch ohne solch ein fertiges Modul aufbauen kann. Der Unterschied ist lediglich ein Widerstand mehr auf dem Steckbrett. Der Widerstandswert ist dabei anhängig vom verwendeten Modul und liegt in einer Größenordnung 10–100 kΩ.

Programmierung des Bodenfeuchtigkeitssensors

Bei unserem Modul entspricht 0 V einer Bodenfeuchtigkeit von 0 % und 5 V entspricht einer Bodenfeuchtigkeit von 100 %. Analog eingelesen bedeutet das, dass 0 % Bodenfeuchte dem Wert 0 und 100 % Bodenfeuchte dem Wert 1023 entsprechen.

Je nach Sensor kann es sein, dass nicht der volle Wertebereich genutzt wird. Bei dem verwendeten Sensor erreicht der Wertebereich nicht maximal 1023 sondern lediglich 878.

Bei einem selbst aufgebauten Spannungsteiler muss man zuvor den Spannungsbereich und damit den Wertebereich errechnen.

Mit dem map()-Befehl in Verbindung mit analogRead() ergibt sich für das Einlesen lediglich ein Befehl mit fünf Parametern.

```
int Bfeuchte;                         //Bodenfeuchtigkeit in ganzen %

const int PIN_Bfeuchte = A0;   // analoger Eingang 0

Bfeuchte = map(analogRead(PIN_Bfeuchte),0,878,0,100);
```

Der Variablen Bfeuchte (Bodenfeuchtigkeit) wird der vom analogen Pin A0 eingelesene Wert zugeordnet. Dieser Wert (0 ...878) wird vorher in einen Prozentwert (0 ...100) umgerechnet. Mehr Informationen zur map() Funktion, siehe in 5.2.3.

Lichtsensor

Um die Helligkeit messen zu können, verwenden wir einen Foto-Widerstand. Dieser Widerstand verändert seinen Wert abhängig von der Beleuchtungsstärke. Der Fotowiderstand hat bei Dunkelheit einen Widerstandswert von circa 20 kΩ. Beleuchtet man ihn voll, beispielsweise mit einer Taschenlampe, reduziert sich der Widerstandswert auf unter 100 Ω.

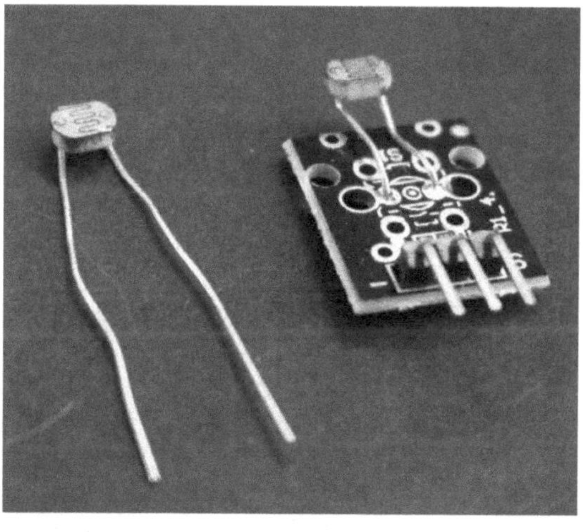

Abbildung 42 Lichtwiderstand ohne (links) und mit Spannungsteiler (rechts)

Analog zum eben besprochenen Bodenfeuchtigkeitssensor, der ebenfalls ein veränderlicher Widerstand ist, muss auch hier ein Spannungsteiler aufgebaut werden.

Natürlich gibt es auch in diesem Bereich fertige Sensormodule. Zu beachten ist, dass der Widerstand bei viel Licht abnimmt, daher muss das Signal noch invertiert werden.

Programmierung des Lichtsensors

Die Programmierung entspricht exakt dem des Bodenfeuchtigkeitssensors, lediglich der Wertebereich wurde angepasst.

```
int helligkeit;                    //Helligkeit in ganzen Prozent

const int PIN_hell = A1;       // analoger Eingang 1

helligkeit = map(analogRead(PIN_hell),0,1023,100,0);
```

Regensensor

Der Regensensor ist der in unserer Beispielanordnung am simpelsten aufgebaute Sensortyp. Wir verwenden einen sogenannten FC-83 Regen-Sensor (baugleich dem YL-83 Sensor).

Hierbei handelt es sich lediglich um zwei Leiterbahn-Kontakte. Diese haben keine Verbindung, können jedoch durch einen Wassertropfen kurzgeschlossen werden. Wird eine Verbindung der Kontakte hergestellt, ist Wasser auf dem Sensor. Sind die Leiterbahnen nicht verbunden, befindet sich kein Wasser auf dem Sensor.

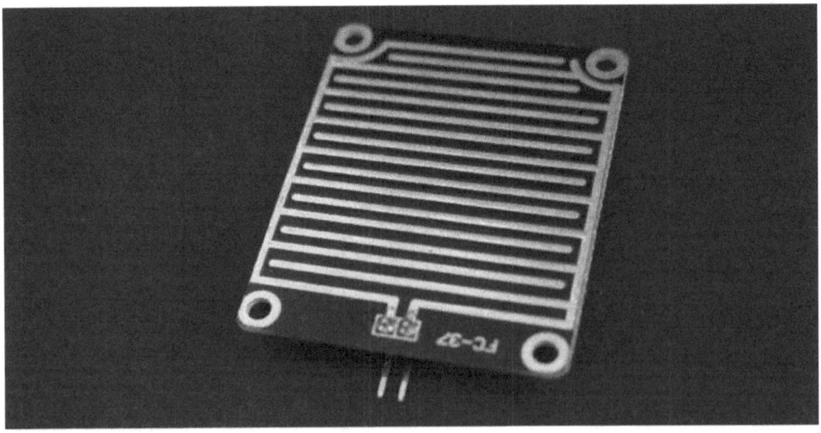

Abbildung 43CF-37 Regensensor

Entsprechend legen wir an einen Pin des Sensors 5 V an, und führen das andere Ende an einen digitalen Eingangs-Pin. Wenn an diesem Pin auch 5 V anliegen, wissen wir, dass eine Verbindung vorliegt, es regnet also.

Außerdem benötigen wir einen Pull-Down-Widerstand, der zwischen den digitalen Pin und GND gelegt wird. Denn der Regensensor ist so gesehen nichts weiter als ein Schalter.

Programmierung des Regensensors:

Der digitale Pin wird abgefragt. Ist eine Verbindung vorhanden, liegt ein HIGH an und in die Variable regen wird das Wort „ja" gespeichert. Ansonsten regnet es nicht, entsprechend wird „nein" eingespeichert.

```
const int PIN_regen = 3;          // digitaler Pin 3

String regen;                              // Regen Ja oder Nein


if (digitalRead(PIN_regen)) {

  regen = "ja";

 }

 else {

  regen = "nein";

 }
```

Display

Die Werte, die die Sensoren an den Controller übermitteln, werden auf einem 0,96-Zoll OLED-Display mit 128×64 Pixeln dargestellt.

Das Display kommuniziert über den I²C-Bus mit dem Mikrocontroller. Für den I²C-Bus benötigen wir zwei Leitungen. Eine Leitung dient als Taktvorgabe, um vorzugeben, wann die Daten übermittelt werden. Sie wird als SCL (serial clock) bezeichnet. Auf der anderen Leitung werden die eigentlichen Daten hin- und hergeschickt. Diese Leitung besitzt die Abkürzung SDA (serial data).

Die genaue Modellierung und Auswertung der Daten auf dem I²C-Bus ist für uns weniger von Bedeutung. Wir konzentrieren uns auf die Ansteuerungen durch vorhandene Bibliotheken. Dafür müssen wir das Display zunächst einmal anschließen. Es besitzt zwei Pins für die Versorgungsspannung Vcc und GND, sowie die zwei beschriebenen Daten-Pins SCL und SDA

Verschiedene OLED-Displays von verschiedenen Herstellern haben unterschiedliche Belegungen der Pins. Vcc und GND sind teilweise getauscht. Stets auf die korrekte Verkabelung achten!

Die Pins für die Versorgungsspannung werden über das Steckbrett an die 5 V des Arduinos sowie an Erdung (Ground) angeschlossen.

Für die serielle Verbindung via I^2C besitzt der Arduino die Pins SDA und SCL, links neben den digitalen I-/O-Pins.

Programmierung des OLED-Displays:

Es gibt viele verschiedene Bibliotheken für I^2C-Displays. Im Folgenden wird die „U8glib.h“ Bibliothek verwendet. Sie beinhaltet einfache Befehle zum Anzeigen von lateinischen Buchstaben, arabischen Zahlen und Sonderzeichen. Zunächst wird die Bibliothek über den Bibliotheken-Manager installiert.

Anschließend wird sie mit

```
#include "U8glib.h"                    //Bibliothek für das Display
```

in den Arduino geladen.

Als Nächstes müssen wir dem Mikrocontroller vermitteln, dass wir ein Display angeschlossen haben. Wir erzeugen ein Objekt mit dem Befehl

```
U8GLIB_SH1106_128X64 oled(U8G_I2C_OPT_NONE);
```

Unser Display hat den Namen „oled“ bekommen. „U8G_I2C_OPT_NONE“ sind die Standard I^2C-Optionen, auf die wir nicht weiter eingehen.

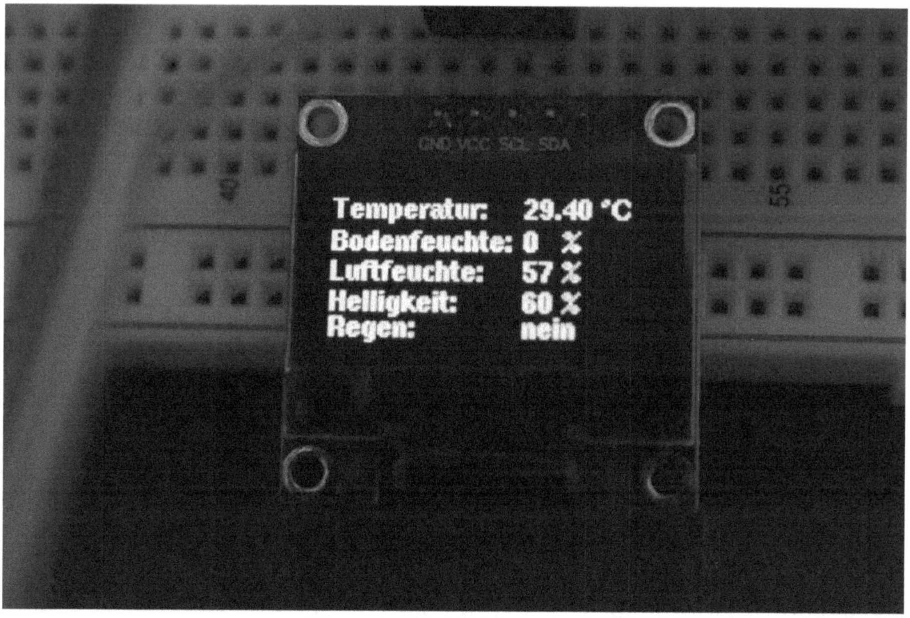

Abbildung 44 Datenausgabe auf dem OLED-Display

Als Nächstes geht es darum, die verschiedenen Variablen und Wörter darzustellen. Dazu stehen uns die folgenden Funktionen zur Verfügung:

oled.firstPage(); Erstellt nach Programmstart die „erste Seite" des Displays

oled.nextPage(); Gibt an, ob eine „nächste Seite" erstellt werden kann. Die beiden Funktionen werden in Kombination verwendet, um eine Schleife zu kreieren, die das Display ständig aktualisiert und die vorherigen Daten überschreibt.

oled.setFont(); Hier kann man Textart, Schriftgröße, etc. einstellen.

oled.print(); gibt ein Wort oder eine Variable auf dem Display aus

oled.write(); Das gleiche wie oled.print für Sonderzeichen

oled.setPrintPos(X, Y); Setzt einen virtuellen Cursor an die Stelle (X|Y) (Koordinaten in Pixeln). Das nächste Zeichen wird an dieser Stelle ausgegeben.

Nachdem wir die wichtigsten Funktionen der U8glib-Bibliothek kennengelernt haben, beginnen wir mit der Programmierung.

Dazu erstellen wir eine Funktion Display_Ausgabe. Sobald diese Funktion ausgeführt wird, werden die Daten erneuert.

Hier beispielhaft der Code für die Darstellung der ersten Zeile

```
void Display_Ausgabe() {
 oled.setFont(u8g_font_helvB08);          //Schriftgröße 8, *bold* Schrift
 oled.setPrintPos(0, 15);          // Setzt den Cusor auf X=0, Y=15 Pixel
 oled.print("Temperatur: ");
 oled.setPrintPos(75, 15);          // Setzt den Cusor auf X=75, Y=15 Pixel
 oled.print(temp);          // gibt den Inhalt der Variablen temp
 oled.setPrintPos(105, 15);
 oled.write(0xb0);          // Code für °-Zeichen
 oled.print("C");
```

Dasselbe Prozedere gehen wir für alle vier Zeilen durch.

Im Hauptprogramm (loop-Schleife) rufen wir die Funktion auf.

Die do-while-Schleife führt die Funktion solange aus, bis die Funktion oled.next-Page(); einen Error zurückgibt. Das passiert nur in einem Fehlerfall.

```
oled.firstPage();          //erste Seite erstellen
 do {          //führe aus....
  Display_Ausgabe();
 } while ( oled.nextPage() ); //... solange die nächste Seite "wahr" ist.
```

6.4.2. Schaltplan

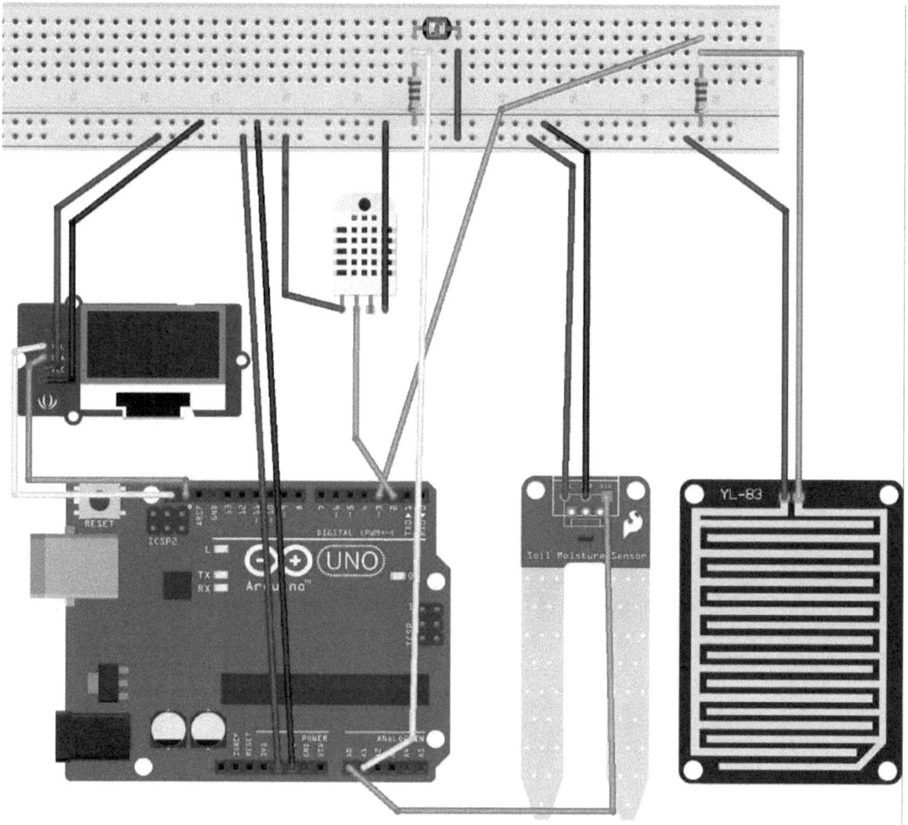

Abbildung 45 Schaltplan

Alle Module werden mit der Versorgungsspannung von 5V versorgt.

Der digitale Pin des DHT22-Moduls wird an den digitalen Pin 2 des Arduinos angeschlossen.

Der Regensensor wird über einen 10 kΩ Pulldown-Widerstand an den digitalen Pin 3 des Arduinos angeschlossen.

Der Sensor für die Bodenfeuchtigkeit wird an den analogen Eingangs-Pin A0 angeschlossen. Für den Foto-Widerstand wird ein Spannungsteiler aufgebaut. Wird ein Modul mit integriertem Spannungsteiler verwendet, entfällt dieser Widerstand. Das abgegriffene Signal wird am analogen Pin A1 eingespeist.

6.4.3. Verbindungstabelle

DHT22	Arduino-Pin
Vcc (+)	5 V
GND (-)	GND
SIG (Do)	Pin 2

Bodenfeuchtemesser FC-28	Arduino-Pin
Vcc (+)	5 V
GND (-)	GND
SIG (Do)	A0

Regensensor FC-37	Arduino-Pin
Pin 1 (+)	5 V
Pin 2 (-)	Pin 3

Fotosensor-Modul	Arduino-Pin
Vcc (+)	5 V
GND (-)	GND
SIG (Do)	A1

OLED-Display	Arduino-Pin
Vcc (+)	5 V
GND (-)	GND
SCL	SCL
SDA	SDA

6.4.4. Programmierung

Die Programmierung der einzelnen Sensoren haben wir bereits aufgeschlüsselt. Im Folgenden werden die einzelnen Teile zu einem in sich schlüssigen Programm zusammengefügt. Wir beginnen wir immer mit dem Einbeziehen der Bibliotheken. Außerdem erstellen wir ein Objekt für das Display sowie für den DHT22-Sensor. Anschließend werden alle Variablen und Konstanten festgelegt.

```
//////Wetterstation V1.2///////

#include "DHT.h"

#include "U8glib.h"                    //Bibliothek für das Display

U8GLIB_SH1106_128X64 oled(U8G_I2C_OPT_NONE);     //Erzeugen des Display Objektes

DHT dht(2, DHT22);                     //DigitalPin 2 und Typ DHT22



float temp;              // Temperatur in °C mit Dezimalstelle

int Lfeuchte;            // relative Luftfeuchtigkeit in %

int Bfeuchte;            // Bodenfeuchtigkeit in %

int helligkeit;          // Helligkeit in %

String regen;            // Regen Ja oder Nein

const int PIN_regen = 3;       // digitaler Pin 3

const int PIN_Bfeuchte = A0;  // analoger Eingang 0

const int PIN_hell = A1;      // analoger Eingang 1
```

Bevor wir das setup() ausführen, wird die vollständige Funktion Display_Ausgabe() verfasst.

```
void Display_Ausgabe() {

 oled.setFont(u8g_font_helvB08);  //Schriftgröße 8, Helvetica bold

 oled.setPrintPos(0, 15);            // Setzt den Cusor auf X=0, Y=15 Pixel

 oled.print("Temperatur: ");

 oled.setPrintPos(75, 15);           // Setzt den Cusor auf X=75, Y=15 Pixel
```

```
oled.print(temp);                 // gibt den Inhalt der Variablen temp
oled.setPrintPos(105, 15);
oled.write(0xb0);                          // Code für °-Zeichen
oled.print("C");
// Ausgabe der Bodenfeuchte in Zeile 2
oled.setPrintPos(0, 28);
oled.print("Bodenfeuchte:");
oled.setPrintPos(75, 28);
oled.print(Bfeuchte);
oled.setPrintPos(90, 28);
oled.print("%");
// Ausgabe der Luftfeuchte in Zeile 3
oled.setPrintPos(0, 40);
oled.print("Luftfeuchte:");
oled.setPrintPos(75, 40);
oled.print(Lfeuchte);
oled.setPrintPos(90, 40);
oled.print("%");
// Ausgabe der Helligkeit in Zeile 4
oled.setPrintPos(0, 52);
oled.print("Helligkeit:");
oled.setPrintPos(75, 52);
oled.print(helligkeit);
oled.setPrintPos(90, 52);
oled.print("%");
// Ausgabe Regen-Status in Zeile 5
```

```
 oled.setPrintPos(0, 62);
 oled.print("Regen:");
 oled.setPrintPos(75, 62);
 oled.print(regen);
}
```

Der Setup-Teil ist sehr gering gehalten. Hier wird lediglich der digitale Eingang für den Regensensor als INPUT definiert und mit dem Befehl dht.begin() die Kommunikation zum DHT22 gestartet.

```
void setup() {
  dht.begin();
  pinMode( PIN_regen, INPUT);
}
```

In der Haupt-Funktion werden alle Sensordaten eingelesen und umgerechnet. Anschließend wird die Funktion Display_Ausgabe() ausgeführt, um die Daten auf dem OLED-Display anzuzeigen.

```
void loop() {
 if (digitalRead(PIN_regen)) {      // wenn es regnet ist der Pin HIGH
  regen = "ja";
 }
 else {
  regen = "nein";
 }
 Bfeuchte = map(analogRead(PIN_Bfeuchte), 0, 878, 0, 100);
//Umrechnen des Sensorwerts (0...878) in Prozent (0..100)
 helligkeit = map(analogRead(PIN_hell), 0, 1023, 100, 0);
//Umrechnen des Sensorwerts (0...1023) in Prozent (0..100)
 temp = dht.readTemperature();
```

```
Lfeuchte = dht.readHumidity();

oled.firstPage();        //erste Seite erstellen

do {                                          //führe aus....

  Display_Ausgabe();

} while ( oled.nextPage() ); //... solange die nächste Seite "wahr" ist

delay(60000); // Eine Minute Zeitverzögerung

}
```

Da einmal pro Minute eine Messung durchgeführt werden soll, sorgt ein ‚delay' von 60.000 Millisekunden (60 Sekunden) am Ende der Schleife für die entsprechende Zeitverzögerung.

Theoretisch müssten wir noch die Zeit abziehen, die der Mikrocontroller für die Ausführung der übrigen Befehle benötigt. Das ist aber nur ein Bruchteil einer Sekunde.

Hochgeladen wird das Programm wieder über den Pfeil links oben.

Nachdem das Programm erfolgreich hochgeladen wurde, zeigt das OLED-Display die Werte Temperatur, Bodenfeuchtigkeit, Luftfeuchtigkeit und Helligkeit sowie den Regenstatus an. Einmal pro Minute werden die Messwerte neu eingelesen und auf dem Display ausgeben.

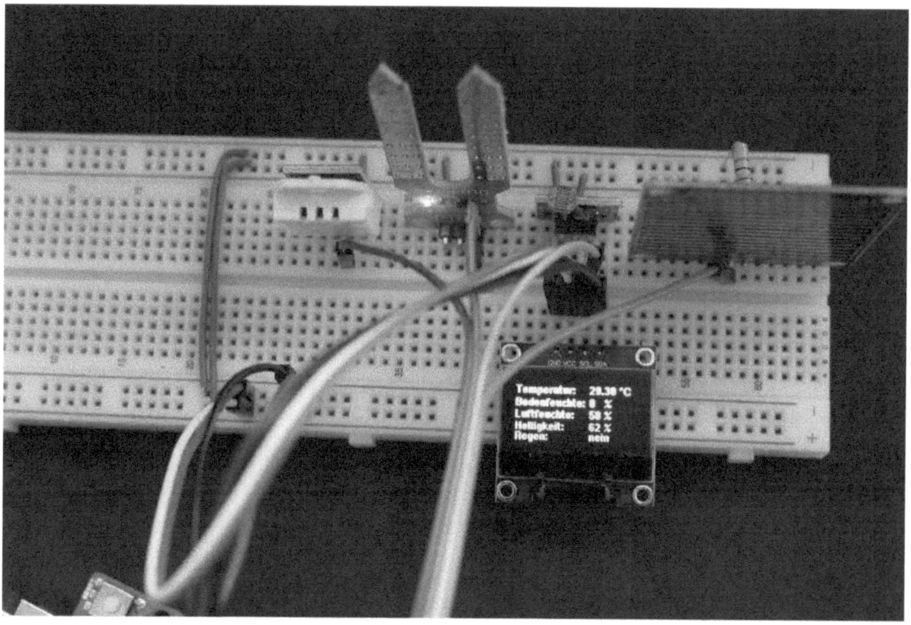

Abbildung 46 Aufbau des fertigen Projekts

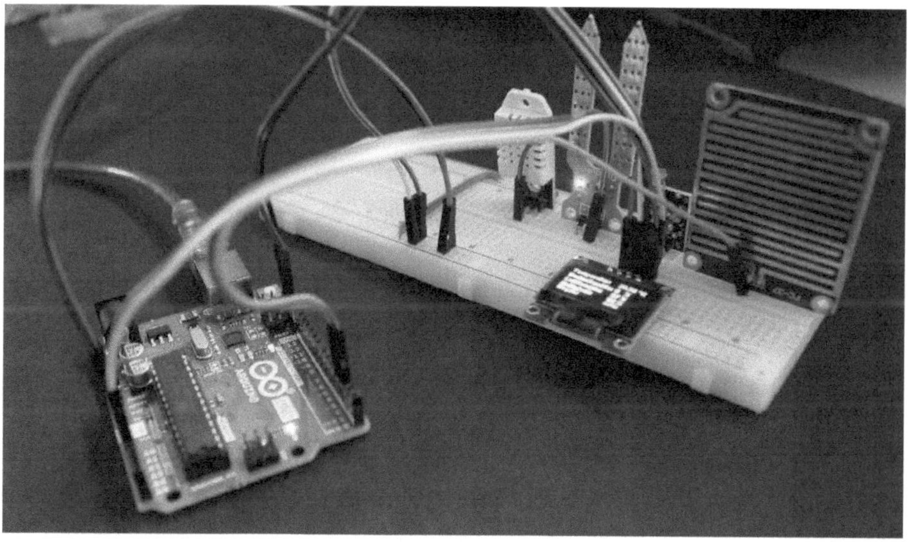

Abbildung 47 Aufbau des fertigen Projekts

7. Die häufigsten Anfänger-Fehler

Es ist noch kein Meister vom Himmel gefallen. Jeder macht Fehler, vor allem, wenn man neu in eine Materie einsteigt. Der Vorteil bei einem Ratgeber wie diesem besteht jedoch darin, dass wir aus Fehlern anderer lernen können, ohne sie selbst machen zu müssen. Deshalb gehen wir die häufigsten Anfängerfehler durch. Sowohl was die Software als auch die Hardware betrifft.

7.1. Kurzschlüsse, Rauch, Hitze

Sollte etwas anfangen heiß zu werden oder gar zu rauchen, muss sofort die Stromversorgung entfernt werden. Meistens handelt es sich um einen Kurzschluss, beispielsweise weil die Pins für die Stromversorgung vertauscht wurden (Vin oder 5 V und GND). Überprüfe alle Verbindungen, ob irgendwo ein Kurzschluss herrscht. Oftmals kann es auch passieren, weil man zwei Reihen auf dem Steckbrett ungeplant verbunden hat. Dazu hilft das Verbindungsdiagramm des Steckbretts 3.7.

Ein zu klein gewählter Vorwiderstand bei einer LED oder einem Transistor kann auch eine mögliche Hitzequelle verursachen. Wenn alle Kabel auf Kurzschlüsse überprüft wurden, kann auch ein defektes Bauteil Ursprung der Hitzeentwicklung sein. Vorher empfiehlt es sich jedoch, die Verkabelung und den Stromlaufplan genau zu analysieren, ob dort ein Planungsfehler vorhanden ist, um nicht weitere Bauteile zu ‚opfern'.

7.2. Controller stürzt ab – Bauteile funktionieren nicht

Wenn der Arduino-Controller abstürzt, liegt das meist daran, dass die Spannungsversorgung einbricht. Überprüfe daher die Stromversorgung. Es gilt zu prüfen, ob das Netzteil hochwertig ist und genug Leistung liefern kann. Falls der Arduino durch eine Powerbank oder eine Blockbatterie betrieben wird, muss geschaut werden, ob der Ladezustand ausreicht.

Bei der Verbindung via USB kann es durch zu schwachen USB-Port und zu lange Kabel vorkommen, dass die Spannung abfällt.

Auf der anderen Seite kann es ein Lastproblem sein, das die Spannung beeinflusst und sinken lässt. Werden z. B. Motoren verwendet, können diese beim Anlaufen verhältnismäßig viel Strom ziehen, und die Spannungsversorgung versagt daraufhin.

Als Lösung empfiehlt sich, die Spannungsversorgung durch ein hochwertiges Netzteil zu ersetzen. Bei Projekten mit vielen Lasten (z. B. Motoren) sollte stets eine zusätzliche Spannungsquelle angeschlossen werden. Bei jedem Arduino-Shield für größere Projekte sind dafür Eingangsbuchsen für eine externe Spannungsversorgung angebracht.

Falls Bauteile nicht richtig funktionieren oder komplett ausfallen, kann es daran liegen, dass sie mit zu viel oder auch zu wenig Spannung versorgt werden. Dazu hilft ein Blick auf die Spezifikationen. Meistens werden die Bausteine mit 3,3 V oder 5 V betrieben. Außerdem muss bei der Stromversorgung mit mehr als 5 V darauf geachtet werden, dass nicht der Vin-Pin zur Spannungsversorgung der Bauteile verwendet wird, da dieser direkt mit der Eingangsbuchse verbunden ist.

7.3. Buskommunikation funktioniert nicht

Es wird beispielsweise ein I^2C-Display verwendet, aber die Kommunikation funktioniert nicht. Der I^2C-Bus benötigt zwei Pullup-Widerstände für SDA und SCL. Meistens sind die direkt an den Bauteilen (z. B. dem Display) integriert. Bei langen Leitungen, mehreren Abnehmern auf dem Bus oder instabiler Spannungsversorgung, kann es helfen, zwei 4,7 kΩ Widerstände von SDA und SCL gegen 5 V zu schalten.

7.4. LED leuchtet nicht

Wenn eine LED leuchten sollte, dies aber nicht tut, kann es ebenso ein Hard- wie auch Software-Fehler sein. Die LED ist wahrscheinlich falsch herum eingebaut (Pluspol an das längere Beinchen) oder der Vorwiderstand wurde zu groß gewählt. Dabei gilt es zu beachten, wie viel Flussspannung und Strom die LED benötigt.

Andererseits kann die LED bei einem zu geringen Vorwiderstand überhitzen und damit sozusagen durchbrennen.

Trifft keine dieser Möglichkeiten zu, liegt ein Software-Fehler vor. Dabei kann der digitale OUTPUT versehentlich als INPUT deklariert worden sein, der falsche Pin angegeben worden sein oder ein Programmfehler verhindert, dass der digitale Pin aktiviert wird.

7.5. No such file or directory

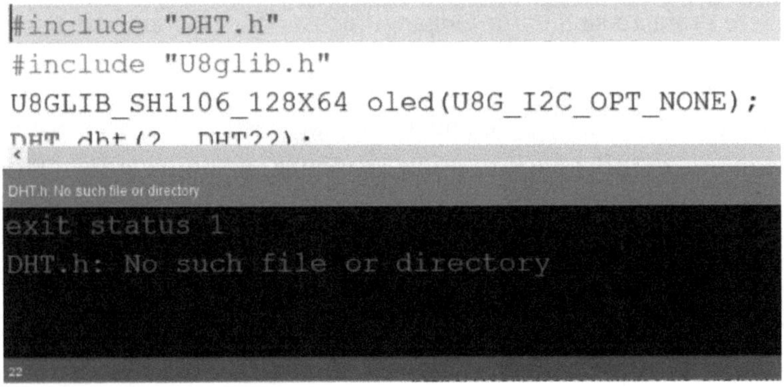

Abbildung 48 Error-no such file or directory

Bei diesem Fehler fehlt die einzubindende Bibliothek. Im Beispiel ist die Bibliothek DHT.h nicht vorhanden und muss zunächst installiert werden. Siehe dazu 5.1.3 Bibliotheken hinzufügen.

7.6. "Expected ';' before ' ... ' token"

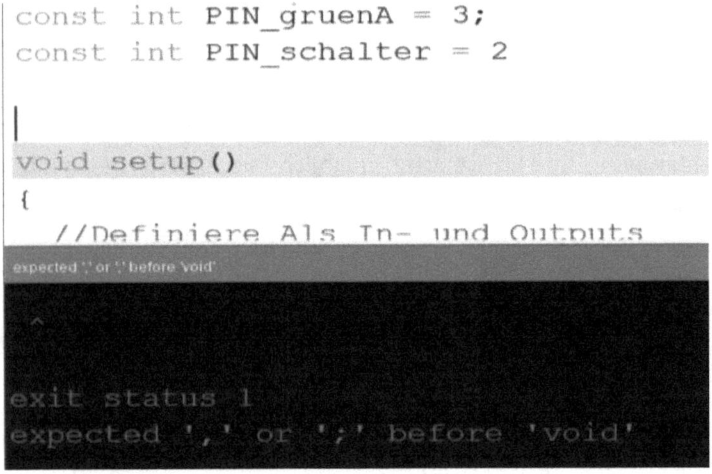

Abbildung 49 Error-expected ',' or ';' before 'void'

Dieser Fehler weist darauf hin, dass ein Semikolon nach einer Anweisung vergessen wurde. Meistens ist es genau oberhalb der Zeile, die rot markiert wurde. Im Beispiel fehlt das Semikolon nach

```
const int PIN_schalter = 2;
```

7.7. "Expected initializer before ' ... ' "

Dieser Fehler, oder oftmals auch expect `}' at end of input kommt ebenso häufig vor, wenn man neu in die Programmierung ist.

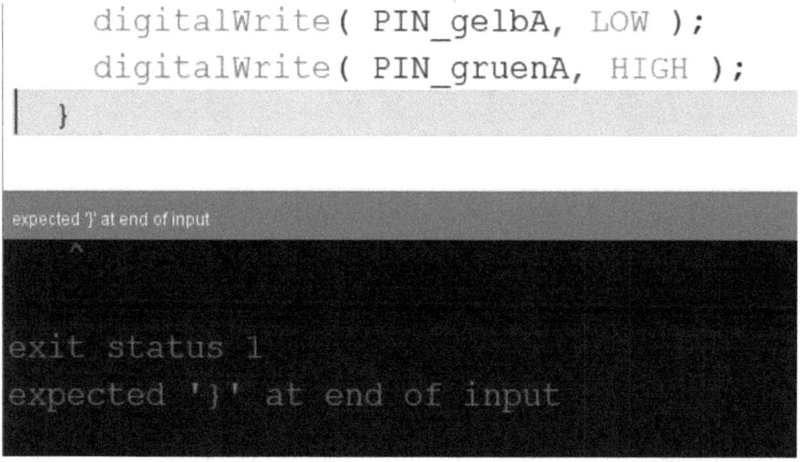

Abbildung 50 Error - expected '}' at end of input

Wenn einer dieser Fehler erscheint, wurde irgendwo eine geschweifte Klammer vergessen. Zu jeder geöffneten geschweiften Klammer gehört immer eine geschlossene geschweifte Klammer.

7.8. "Expected declaration before ' ... ' token

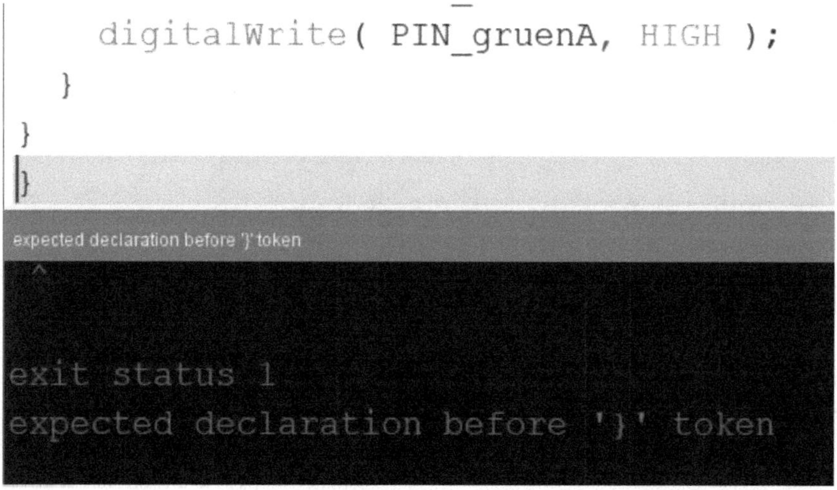

Abbildung 51 Error – expected declaration before '}'

Auf der anderen Seite erscheint diese Fehlermeldung, wenn eine geschweifte Klammer zu viel gesetzt wurde.

Auch hier hilft die Formatierung zur Überprüfung. Anfangs ist das richtige Klammersetzen mühsam, man gewöhnt sich mit der Zeit jedoch daran.

Siehe dazu auch die Formatierungshilfe 5.2 Einrücken.

7.9. "Redefinition of ' ... ' "

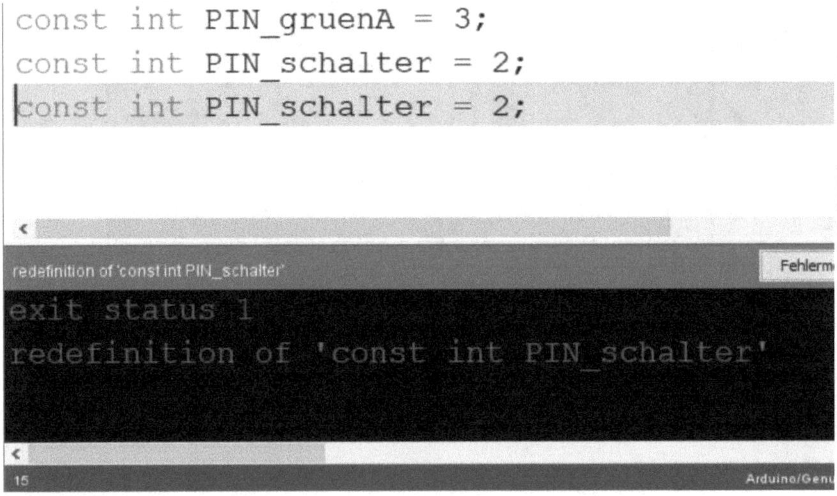

Abbildung 52 Error -redefinition of '...'

Irgendetwas wurde mehrfach definiert, obwohl es nur einmal vorkommen darf. Dieser Fehler kann leicht passieren, wenn man fremde Codezeilen mit Kopieren und Einfügen zu einem Programm hinzufügt.

7.10. "Problem beim Hochladen aufs Board"

Oftmals gibt es Probleme, das Board am PC zu finden oder den Sketch hochzuladen. Zunächst muss geschaut werden, ob der PC den Arduino erkennt.

Dazu öffnen wir unter Windows den Geräte-Manager und schauen, ob der Arduino unter dem COM & LPT-Ports erkannt wird.

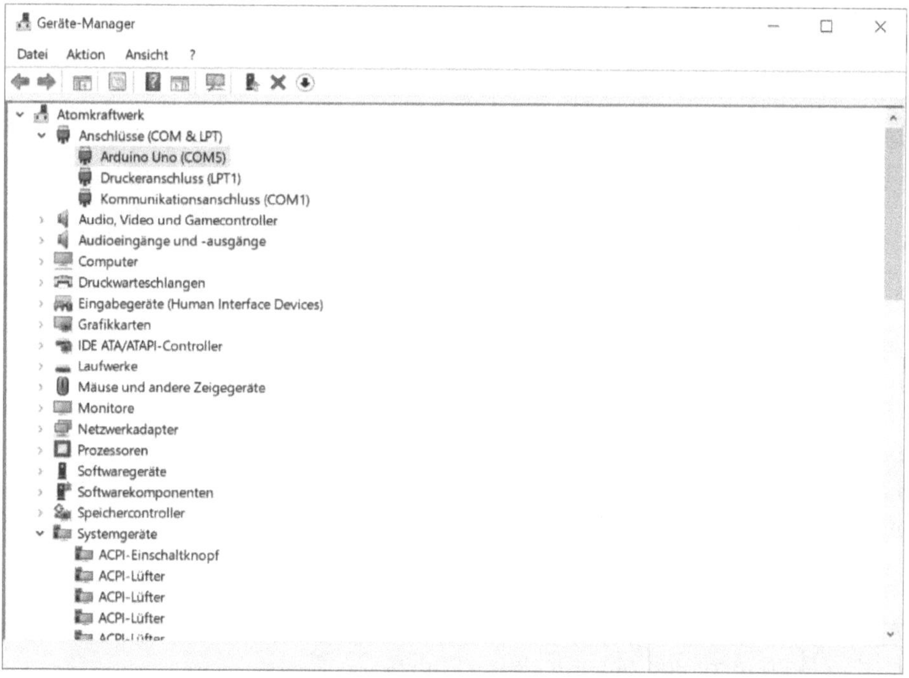

Abbildung 53 Windows-Geräte-Manager

Wird der Arduino erkannt, ist das ein gutes Zeichen. Wird beim Einstecken des Arduinos ein COM-Port erkannt, dieser aber nicht als Arduino bezeichnet, fehlen höchstwahrscheinlich die passenden Treiber. Das kommt bei Arduino-Klonen häufig vor. Die Treiber findet man in diesem Fall auf den Webseiten der Hersteller.

Falls kein COM-Port erkannt wird, kann ein Hardware-Defekt vorliegen. Zunächst empfiehlt es sich jedoch das USB-Kabel zu wechseln; oftmals sind die USB-Kabel nicht ausreichend geschirmt oder qualitativ nicht hochwertig genug. Der Wechsel des USB-Kabels kann den Fehler bereits beheben. Falls ein Arduino-Klon verwendet wird, müssen ggf. zuerst passende Treiber installiert werden.

Nachdem der Arduino erkannt wurde, muss in der Arduino-IDE der richtige Port sowie das richtige Board ausgewählt werden.

Wird der Arduino erkannt und kann ausgewählt werden, aber der Sketch kann nicht hochgeladen werden, kann es sein, dass ein weiteres Programm auf die serielle Schnittstelle zugreift und diese blockiert.

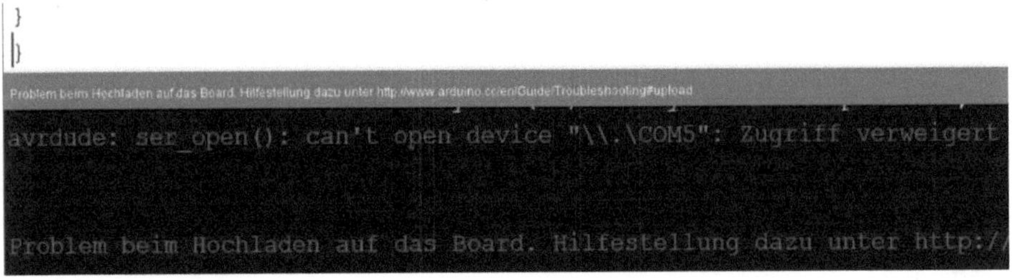

Abbildung 54 Error – Probleme beim Hochladen auf das Board

Dieser Fehler macht sich durch den Fehler can't open device bemerkbar. Es empfiehlt sich, alle anderen Programme zu schließen.

Das waren die häufigsten Fehler im Umgang mit Arduino. Natürlich waren das nicht alle. Falls ein Fehler auftritt, der nicht aufgeführt ist, können bestimmt das Arduino-Forum https://forum.arduino.cc/ oder das WorldWideWeb weiterhelfen.

Allgemein bietet die offizielle Arduino-Website eine große Hilfestellung. Ferner sind viele Projekte und Anleitungen zu finden.

Gratis E-Book

Danke, dass du dir dieses Buch gekauft hast. Da der Buchdruck direkt von Amazon übernommen wird und ich keinen Einfluss auf die Qualität der Bilder habe, kann es sein, dass vereinzelt Details verloren gehen.

Deshalb biete ich beim Buchkauf das E-Book in Farbe gratis als PDF-Datei an. Dort finden sich alle Bilder hochauflösend und man erhält immer die aktuelle Version.

Dazu schicke eine Nachricht mit dem Betreff „Arduino-E-Book“ sowie einen Screenshot des Kaufs oder einen Nachweis über die Bestellung an folgende E-Mail-Adresse (private Daten können geschwärzt sein):

BenjaminSpahic@pbd-verlag.de

Ich werde dir das E-Book umgehend zukommen lassen.

Wenn dir etwas fehlt, nicht gefallen hat oder du Verbesserungsvorschläge oder Fragen hast, schreib mir gerne eine E-Mail.

Wenn dir das Buch gefallen hat, würde ich mich über eine positive Bewertung bei Amazon freuen. Das hilft der Sichtbarkeit des Buchs und ist das größte Lob, das ein Autor bekommen kann.

Dein Benjamin

Über den Autor

Benjamin Spahic ist ein aufstrebender Technik-Autor und Experte auf dem Gebiet der Elektrotechnik und Erneuerbaren Energien.
Benjamin ist zudem zertifizierter Energieberater und hat einen Master-Abschluss in der Informationstechnik mit Schwerpunkt auf Energietechnik und Erneuerbaren Energien.
Während seines Studiums war Benjamin als Schülerhilfe und ehrenamtlicher Nachhilfelehrer tätig. Gleichzeitig sammelte er praktische Erfahrung bei der Siemens AG am Standort Karlsruhe in der Hardware-Entwicklung.
Benjamin verwendet in seinen Büchern einer leicht verständlichen Sprache, um seine weitreichende Expertise zu vermitteln.

Seine Werke werden in diversen Schulen, Universitäten und Weiterbildungskursen verwendet. Zudem wurden zahlreiche seiner Werke übersetzt.
Benjamins Ziel ist es, preiswerte Bildung einer breiten Masse an Lesern zugänglich zu machen und dadurch die Expertise im Bereich der Technik zu fördern.

Bildnachweise:

https://icons8.de/icon/113140/kugelbirne
https://icons8.de/icon/79638/obligatorische
https://icons8.de/icon/78038/math
https://icons8.de/icon/42314/taschenrechner
Alle nicht genannten Inhalte wurden vom Autor selbst erstellt. Er ist daher Urheber der Grafiken und hat die Verwendungs- sowie Verbreitungsrechte.
Abbildung 1*: https://commons.wikimedia.org/wiki/File:Z3_Deutsches_Museum.JPG
Abbildung 3*: https://de.wikipedia.org/wiki/Datei:Widerst%C3%A4nde.JPG
Abbildung 4**: https://de.wikipedia.org/wiki/Datei:Resistor_symbol_America.svg
Abbildung 6**: https://de.wikipedia.org/wiki/Datei:Diodenalt2.png
Abbildung 8*: https://de.wikipedia.org/wiki/Datei:Diode_pinout_de.svg
Abbildung 10*: https://de.wikipedia.org/wiki/Datei:Elko-Al-Ta-Bauformen-Wiki-07-02-11.jpg
Abbildung 11*: https://commons.wikimedia.org/wiki/File:Kondensatoren-Schaltzeichen-Reihe.svg
Abbildung 15**:https://commons.wikimedia.org/wiki/File:AVR_group.jpg
Abbildung 16**:https://commons.wikimedia.org/wiki/File:ArduinoUnoSMD.jpg
Abbildung 17**: https://de.wikipedia.org/wiki/Datei:Arduino_uno_r3_isometr.jpg
Abbildung 18**:https://commons.wikimedia.org/wiki/File:ArduinoUnoSMD.jpg
Abbildung 19**: https://store.arduino.cc/arduino-uno-rev3

Kolibri 360 GmbH
Ferdinand-Jühlke-Straße 7
99095 Erfurt, Deutschland
produktsicherheit@kolibri360.de